APPLE TREE

Grow Up

爱是能力，
也是恩典，
和孩子一起，仰望生命的高处
爱若至诚，心必丰饶

成为智慧型家长

尹红婷◎著

北京日報出版社

图书在版编目（CIP）数据

成为智慧型家长 / 尹红婷著 . -- 北京 : 北京日报出版社 , 2018.5

ISBN 978-7-5477-2955-7

Ⅰ . ①成… Ⅱ . ①尹… Ⅲ . ①幼儿教育—家庭教育 Ⅳ . ① G781

中国版本图书馆 CIP 数据核字 (2018) 第 064685 号

成为智慧型家长

出版发行：北京日报出版社
地　　址：北京市东城区东单三条 8-16 号东方广场东配楼四层
邮　　编：100005
电　　话：发行部：（010）65255876
　　　　　总编室：（010）65252135
印　　刷：三河市华成印务有限公司
经　　销：各地新华书店
版　　次：2018 年 5 月第 1 版
　　　　　2018 年 5 月第 1 次印刷
开　　本：700 毫米 ×930 毫米　1/16
印　　张：10.75
字　　数：123 千字
定　　价：42.00 元

目录

c o n t e n t s

第一部分

PART 1

教养的目标

第二部分

PART 2

父母公开课

目录
CONTENTS

Right

第一部分

PART 1

教养的目标

> 教养的目标：高兴还是成长？

每次家长问我如何教养孩子时，我都会首先问他们："你觉得教养的目标是什么？是让他高兴，还是帮助他成长？"

如果我们的目标是让孩子高兴，我们的原则就将面临极大的挑战。独生子女家庭常常出现的典型问题——过度关注孩子的情绪，在坚持原则和让孩子高兴之间难以选择，而妥协常使问题变得更加复杂。在家长和我分享他们的烦恼时，我听到最多的一句话就是：他不高兴了，我怎么办呢？有些家长甚至没有意识到这个问题——自己被孩子的情绪牵着走了，失去了做事的原则和方向。

当然，我们都希望孩子快乐地长大，永远快乐！而现实是：成长的过程一定是有快乐，也有烦恼。因此，爱要有智慧，教养的目标应该是为了孩子的成长，培养孩子有一颗快乐、感恩的心。喜、怒、哀、乐是生活中的调味品，它们可以让生活变得更加丰富多彩。

作为家长，以下几点要懂得：

第一，允许孩子不开心，即使不开心，也要做正确的事情。

孩子跟大人一样，遇到不顺心的事情也会情绪低落，会不高兴，所以作为家长要理解孩子，不要唠叨。我们的态度和界限非常重要，孩子们虽然小，但是他们非常敏感，能够感受到我们的纠结。如果他们发现自己的情绪可以影响我们的决定和原则，那他们就会用情绪来控制事情的结果；如果我们有明确的态度，实际上是他们的幸事，因为他们不会迷失方向。同时，让他们感受到支持和爱，是他们愿意顺从的不可缺少的因素；体会到我们的爱，孩子就愿意改变。

第二，学习情绪管理，培养孩子的同理心。

高情商家长养育高情商的孩子，处理问题时平和的态度和柔和的语气可以传递让孩子平静下来的力量，也可以给孩子提供一个可以学习的榜样。焦躁会传染，因此大人首先要学会管理自己的情绪。

第三，关注孩子的情绪，但教养的目标不是让孩子高兴，不要被孩子的情绪所左右。

快乐是一种美德。不是家长让孩子高兴，更不是家长哄孩子高兴，而是如何培养他们未来在面对各种不同的环境时——顺境也好，逆境也罢——内心能够拥有强大的力量，有爱、喜乐与平安。

真爱带给孩子安全感，当家长能够用恰当的方式和孩子沟通的时候，他们的态度会改变，而且不高兴的情绪很快会过去，取而代之的是因为正确的选择而得到欣赏和鼓励所带来的成就感。

教养的过程，就如同果农修剪果树一样，要让孩子明白，家长因为爱他们，所以帮助他们。爱能够使孩子和家长的关系更加密切。在家长合宜恰当的教导下，孩子各方面的能力，包括自我管理能力都会不断提升。因此，理解孩子的感受，帮助他们做出正确的选择，帮助他们成长，才是我们教养的目标所在。

> 教养的方式：管教与惩罚

提到教养方式，很多家长会把管教和惩罚混为一谈。大多数家长告诉我的都是他们如何惩罚自己的孩子，很显然，当谈到这个问题时，他们的内心很不舒服，很难有愉悦的情绪。他们会说自己总是很难控制自己的脾气，会大喊大叫、训斥、拿走孩子的某些机会或限制他们的自由，不让他们出房间等。甚至有个三岁宝宝的妈妈告诉我，有时她实在没有办法，会将自己关到房间里，任凭宝宝在外面哭闹——管教和惩罚似乎成了同义词。

实际上，管教和惩罚是不同的，他们并不是同义词，准确地说，惩罚只是管教孩子过程中的一小部分，管教本身有着更为广阔的含义。

管教包括家长在教导孩子时所做的所有事情。管教意味着教导孩子做出正确的选择和决定，有合宜的行为。管教的目的是教导孩子能够独立思考，有能力选择自己应该做什么、如何做。

第一，管教重在合作，而不是控制。

很多家长对于管教的目的感到迷惑。他们认为管教的目的就是使孩子的行为得到控制，让孩子听自己的话，无论如何要让孩子按照自己的想法做自己认为对的事情。这样的目的不仅不正确，往往也难以实现，最终会陷入权力之争。实际上，管教的目的不是控制孩子的行为，而是得到孩子的配合，让孩子能够主动选择合作。合作意味着你的孩子选择做正确的事情是因为这样的决定是合理的，而不是因为家长的意愿。

另外，管教不应该成为一个负面的因素，让每个置身其中的人都感觉不舒服。管教孩子也不应该是每次都让家长觉得头疼的事情。得到孩子的配合，参与到他们的成长当中，可以令管教成为一种享受。当然，学会如何正确管教需要花时间和精力，因为管教孩子是一门艺术。

因此，就管教而言，重在合作，而不是控制。

第二，认清管教和惩罚的区别，避免让惩罚成为管教的全部。

惩罚带给孩子内心恐惧，而管教却可以建立孩子的安全感，让孩子内心更有力量,为什么会这样呢？作为家长怎么知道自己是在管教孩子，还是在惩罚孩子呢？

首先，惩罚往往是缘于孩子过去犯了错误，因为过错被处罚，因此，孩子会因为受到惩罚而害怕。家长惩罚孩子是一种反击式行为，家长感到非常生气，态度是敌视；而家长行动的焦点集中在孩子过去犯的错误上，惩罚的结果是扯平，孩子为错误行为付出了代价。性格比较柔和的孩子会因为害怕不敢做决定，而那些有个性的孩子则会挑战权威，和家长对抗。

管教则不同。家长管教孩子指向的是未来正确的行为，是为了纠正孩子的错误，让孩子更加成熟，往往在一开始时通过训练的方式来帮助孩子，提升孩子的能力，这时家长的态度充满了关爱，而且孩子明白家长这样做的目的是为了自己将来得到益处，因此他的内心会更有安全感，也更愿意和家长配合。

因此，当家长的行为是指向过去而不是面向未来，是为了过去孩子的行为而处罚他，处罚之后没有教导，孩子改变的原因只是因为害怕，那家长的行为就是惩罚而不是管教；教导孩子时，孩子仍然能够感受到家长的关爱，面向未来，孩子内心更有安全感，这是在管教。

第三，在爱中管教。

在管教孩子时，不要直接对孩子的行为马上做出被动性的反应。

家长可以遵循下面三个步骤：1. 明确的家规和行为规范教导孩子选择正确的行为模式；2. 通过训练帮助孩子养成良好的习惯，乐于遵从教导；3. 用恰当的方式管教孩子，让孩子能够遵从先前的教导，改正错误的行为。

正确管教，就要积极面对孩子成长过程当中的冲突和矛盾，赋予孩子成长的力量，努力让自己成为陪伴孩子成长的智慧型家长。在管教的过程中，关键在于努力得到孩子的配合。那么如何得到孩子的配合？在下一篇章中，我会用具体案例来为大家进行分析。

> 做对三步，管教更轻松——家庭篇

有人说，教育的本质是家长的修行。的确，在伴随孩子成长的过程中，家长要通过学习和反思来完善自己的教育观，提升自己教育孩子的技巧。家长如何与孩子对话，怎么管教孩子才能得到他们的配合？其中有理念，也有技巧。

先讲一个真实的小故事，看看您是否很熟悉这样的场景：

宝宝（四岁半）晚饭后已经吃了三个冰激凌，又吵着要再吃一个，因为她知道冰箱里还有好吃的冰激凌。妈妈急了，大声说："你已经吃了三个了，绝对不能再吃第四个！再吃就该肚子疼了！""我就是想吃！"宝宝不肯罢休，"就再吃最后一个，我保证，最后一个！""刚才就说是最后一个了，绝对不行！"宝宝看着妈妈坚定并有些生气的脸，大哭起来："妈妈，我不爱你了！你如果不和我道歉，我就不爱你了！也不理你了！"

妈妈也急了，说：“你要是还想继续吃冰激凌，妈妈以后就再也不给你买冰激凌了！”妈妈大声呵斥，宝宝也不示弱，大哭不止。爸爸看着两个人较劲，不知如何是好。最后妈妈把手机一摔，说：“随便你吧！我不管了！”宝宝的持续哭闹终于有了结果，她得到了“最后”一个冰激凌。

这是一位妈妈给我讲的发生在她家的事情。她讲完之后，我就给她讲了一个我家的故事：

我家的恩恩比较性急，四岁前，如果他想做什么事情，有时还没等你的“不”说出口，他就已经大哭起来。虽然哭完了他就没事了，可孩子哭的时候，做妈妈的心里总是不太舒服的，所以，我会尽量避免这种情况发生。

我们家的规定是，看动画片一天最长 30 分钟，一般情况下是 20 分钟。请注意，这个约定是在我们的家庭会议中形成的，孩子明白为什么有这样的约定。我们达成共识，并通过解释让他明白，约定不是为了限制，而是为了保护。也许您的家里没有家庭会议，但和孩子的每个约定都应该在一个心平气和的环境下做出，而且约定时需要有不执行的相应后果。

三岁半的时候，一天，恩恩想看动画片，我将定时器定好 30 分钟，他就开始高高兴兴地看。半个小时很快就到了，定时器响了起来……我扭头看了一眼恩恩，他的表情告诉我，不等我把“时间到了”说出口，他就一定会大哭的。我马上走向他，做了一个“停”的手势，说道：“你还想看，是不是？”他忍着眼泪，点了点头。我知道如果我说“时间到了”，他马上还会大哭，就又柔声地问了一遍：“你还想看，对不对？”这次，看得出来，他将眼泪收起来一点儿，脸色平静了些，点了点头。我知道还是不能说“时间到了”。于是，我笑了，半开玩笑地说：“这么好看的动画片，妈妈也想看。”他看着我，表情有些诧异，我稍作停顿，然后说：“那你说，怎么办？要继续看吗？”这时，恩恩看着我，认真地说：“妈妈，我知道，看多了电视对眼睛不好，您也知道，对吗？我已经看了很长时间了，不能再看了。”

“说得对！”我真诚地表扬他，“那你去把电视关掉，好吗？”“好的！”他自豪地把电视关掉，去玩其他的游戏了。

我这样做的原因是因为：首先，当定时器响的时候，恩恩很清楚时间到了，不能再看了，根本不需要我提醒。但这不是他想要的，他还想接着看，这时他的情绪就是无助、无奈，甚至是沮丧；其次他也知道看多了对眼睛不好，他不需要我在这时跟他讲道理，因为家庭会议时已经分析过了，他此时此刻最需要的是被理解，当我问“你还想看，是不是？”时，他的回答是“对”。当有人理解和认同我们的感受的时候，我们的情绪会趋向平稳，对于恩恩，也是如此。

可是我发现我第一次问他之后，他的情绪没有平稳到不哭的程度，于是我就再一次对他说：“你还想看，对不对？”再一次表示理解，这样的理解让他的情绪进一步平复下来——妈妈知道我想继续看。实际上，这个时候，如果我柔声地说“可惜，时间到了”，他也不会大哭反抗，但是我给了他一个自己做决定，并且给了他可以表现自己懂事、懂道理的机会，所以，我才问他：“那你说，怎么办？”

每次我跟家长分享这个故事时，不止一个家长问我：如果他想接着看怎么办？我的回答是：请相信你的孩子，也请相信你自己。孩子们的自我价值感很强，他们很单纯，希望自己是一个懂事的好孩子，所以他们通常都会做出正确的决定，不会继续哭闹着一定要达到自己的目的，我们应该相信他们。

分析完我家的故事，我帮助这位宝宝妈妈重新设计了沟通的方法：

当宝宝说还想再吃一个冰激凌，并且开始哭闹的时候，妈妈应该及时问宝宝："你还想吃一个冰激凌，是吗？"宝宝一定回答"是"，而且哭的程度会明显降低，因为妈妈理解了她。"那你吃了几个了？"有可能四岁半的宝宝会狡猾地说："我就再吃最后一个。""哦，就吃最后一个呀！"停顿片刻后，看宝宝的情绪，如果较稳定了，就问她："你说，妈妈买冰激凌是给谁买的？"宝宝如果回答说："给我买的。"妈妈就接着说："对呀！妈妈本来给宝宝买的，为什么妈妈现在又不让宝宝吃呢？"这时候妈妈可以拉着宝宝的手，轻轻地说："是因为……妈妈爱你，妈妈不想让宝宝生病，肚子痛。"这时的宝宝一定不会吵着要冰激凌了，因为理解和爱已经满足了她的需要。接下来，妈妈要做的就是拥抱这个懂事的宝宝。

所以，总结起来，帮助孩子听话和纠正孩子不合宜行为的三个步骤就是：

第一，理解孩子的感受。

第二，让孩子知道你爱他，并感受到你的爱。

第三，帮助并引导孩子做出正确的决定。

实际上，第一步必不可少，而且一定要先做，我们常常犯的错误就是将"爸爸妈妈管你是爱你""你得听我们的，这样就没错……"等挂在嘴边，而忽视了孩子的感受。我们要理解孩子，而且在很多情况下，我们的理解要能够让孩子有力量战胜负面情绪，从而做出正确的决定。

最重要的是，认同孩子的感受，不要陷入权力之争。

作为家长，我们常常急于给出指令或者答案，没有给孩子思考和主动选择听话的机会，让简单的事情变成了权力之争。我们一定要避免陷入权力之争，这样的战争将没有赢家。

> 做对三步，管教更轻松——幼儿园篇

做事的顺序对于成败非常关键。就如同盖房子要先打好地基一样，地基决定了楼的高度，地基没有建好，再漂亮的楼也不会坚固。

管教孩子也是这样，每一个步骤都是为下一步奠定基础。

思思是个五岁多的男孩，非常喜欢班里的雯雯。雯雯是个非常文静、漂亮的小姑娘，很多小朋友都喜欢她。思思聪明又调皮，总是试图引起雯雯的注意。有一天，思思被送到了我的办公室，原因是他多次抢雯雯的东西，老师制止他，他还是这样做。

“为什么”这个问题常带有很强的批评色彩，我和小朋友谈话的时候都会尽量避免以“为什么”开始——

“思思，你能告诉我你到尹老师办公室的原因吗？”

思思睁着大眼睛看着我，突然笑了，说：“我想是因为尹老师要表扬我。”

哈，调皮的小家伙！我也笑了，平和地说："噢，不是，想想还有没有其他的原因。"

他转了一下眼珠，说："嗯，那是因为雯雯抢我的东西。"

"是雯雯抢你的东西，所以老师让你来尹老师办公室的吗？"

"是。"他仍然笑着回答。

我也仍旧温和地继续问问题："那雯雯是怎么抢你的东西的呢？"

"我们画画，雯雯拿了红色的蜡笔，我也想用，于是我就从她的手里把红色的蜡笔拿过来了。"

"原来是这样，"于是，我随手拿起自己桌子上的一支签字笔递给他，"你拿着这支笔，我从你手里拿过来，那我们俩谁抢了？"

他自信地说："你抢了。"

"对！那现在我先拿着这支笔，你从我手里把笔拿走了，那我们俩谁抢了？"

"我抢了。"

就是这样！我接着问："那你和雯雯谁抢了？"

"我抢了。"

突然，他看着我的眼睛，出乎意料地问我："尹老师，那如果我就是不改呢？到园长办公室我也不改，那怎么办？"

独生子女通常不担心叫爸爸妈妈来幼儿园，爸爸妈妈对他们没办法，还要靠幼儿园帮忙，所以我们不会把通知家长作为最终的办法。家长有完全的知情权，但是很多时候是我们帮助家长，给家长提建议。我愣了一下，挑衅见识过很多，但第一次被问这个问题。看着眼前这个可爱的宝贝，我也在想，我一定不能说——没有别的办法了。可我说什么呢？

做家长讲座、教师培训时，我用过这个例子问他们，很多人都卡住了。我告诉他们，我没有办法，到了园长办公室，他如果就是决定不改，我也没有办法。

于是，我进入到下一步——

我问他："那你想想，老师为什么让你到尹老师办公室？尹老师跟你谈话的原因是什么？是因为老师不想让你玩了，想让你不舒服，还是为了什么呢？"

"是因为老师爱我，老师想让我成为一个好孩子。"

他的回答那么自然，自然得让我感动，他都知道，他心里都明白！和孩子们一起就是这样的美好，他知道你爱他。

"是呀，那你想想，你抢雯雯的东西，如果老师说'随便吧，爱这样就这样吧'，好不好呀？你是希望老师帮助你，还是老师不管你？"

"我希望老师帮助我。"

接着，我很简单地和他讲了如何才能够让别人成为自己的好朋友、好朋友应该如何相待、要想让雯雯是自己的好朋友这样做行不行，他非常耐心地听我讲。我们达成了共识，就是老师没有其他目的，只是想帮助他成为一个更棒的孩子，让小朋友喜欢他，愿意和他做好朋友，所以，改变自己的行为方式是他自己的需要，不是老师非要他这样做。

最后我很真诚地问他："思思，那你告诉尹老师，如果再有这样的问题，我该用什么方法来帮助你？"

哈哈！球踢给他自己，自己的事情自己想办法。

可爱的思思坐在椅子上，开始思考……我耐心地等着，过了一会儿，他抬起头，说了一句让我想笑出来，但是非常实在的答案——

“老师，我也没有什么好办法。”他轻声地说。

于是，我们俩一起头脑风暴，我们俩最后的决定是——他会先去找老师道歉，请求老师原谅；做不到时，请老师提醒，老师提醒后他就听从。

当正确的决定是孩子自己做出来的时候，他们就会有力量来做。思思就是这样，他接下来很努力，行为上有了非常大的突破，他为自己的进步感到非常自豪和快乐。

实际上，我的办法就是做好这三步，一步一步地走：

第一，理解孩子，理解孩子的感受。

我了解事情的经过，让他知道我明白了，并且愿意理解他。

第二，让孩子知道你爱他，并感受到你的爱。

当思思挑衅的时候，爱使他软化。我让他明白，我和老师都不是想让他不舒服，而且他知道尹老师很忙，有很多的工作，花时间和他谈话是为了帮助他。孩子自己的感受很重要，并不需要我们说太多。

第三，帮助并引导孩子做出正确的决定。

我们做对了这三步，孩子不仅会听话，实际上他们的内心会变得更强大，他们会成为既听话又自主的孩子。正确的教育方法培养出来的孩子一定是既听话，又有主见的孩子！

> 教养三步走

教养孩子的时候，清晰的框架可以让我们有方向，就好比我们去一个陌生的地方需要一张地图一样，教养孩子也是这样。当我们有了清晰的步骤和框架，首先可以明确方向，然后评估自己在哪些方面需要加强，从而找到突破点。

教养孩子要遵循下面的步骤：

第一步：教导。教养要从教导孩子着手。

第二步：训练。训练即引导或指导孩子，包括帮助孩子养成好习惯、乐于遵从家长的教导、按照正确的方法做事等。

第三步：纠正。纠正就是采取某些方法和行动让孩子遵从先前的教导，从而矫正或调整他不合宜或错误的言行。

所以，纠正是在教导之后。孩子受了教导却不遵从，就需要纠正他。在这个阶段采取行动要非常小心，即当孩子犯了错，或者用错误方式发泄自己的情绪时，我们如何处理才能够让孩子改变，做出正确的决定。首先，家长要理解孩子的感受，让孩子知道你爱他，改变是为了让他得到益处，否则孩子的安全感和自制力就会受到损害。因此，在这个阶段直接和果断是非常重要的。

当孩子犯错误时，家长首先要思考自己是否曾经教导过他，让他明白行事的正确程序和做法。如果已经有教导和训练为基础了，那么，孩子一般都会改正。当然，很多家长肯定也有过这样的经历，就是当你要纠正孩子（第三步）时，却发现他并没有真正了解你的规矩或教导（第一步）。

下面用例子来说明如何使用管教三步法：

案例 1. 收拾玩具

我们都希望孩子学会自己收拾玩具，而现实情况却是，他们将玩具到处乱扔，留下一片狼藉让家长来收拾。那我们怎么办呢？

首先是教导，告诉孩子玩具要收好，保持房间的整洁，同时展示给孩子如何收拾玩具，让他们了解标准是什么，怎么样叫房间整洁。

接下来就要训练了。家长和孩子先一起收拾玩具。刚开始的时候，家长是主力，孩子是帮手，慢慢地变成家长是帮手，孩子是主力。接着，家长是监督员，孩子独立完成。经过这个训练过程，孩子就会逐渐养成收纳玩具的好习惯。但是，孩子毕竟是孩子，尤其在他们小的时候，经常会一段时间表现得像个小天使一样听话、可爱，一段时间又会不按规定来做事。这也是正常的，家长需要经常引导和训练。

最后就是纠正环节。如果孩子没有按照规定收好玩具，那么就需要接受“处罚”了。比如：没有收好的玩具，家长会把它拿走，孩子暂时就不能玩这个玩具了，让孩子知道自己要为自己的行为负责。

教养孩子不是毫无章法可循，更不是偶然发生的，仔细分析，都有规律可循。当你想批评或纠正孩子的时候，先想想自己是否曾经教导和训练过孩子，确定孩子明白你的要求，明白这样做对自己的益处。有礼貌、有责任心、独立、保持干净整洁、重要的事情应该先做等，都是非常重要的观念,因此也就需要我们花时间来教导和培养孩子。实际上，如果我们能够将前两步做好，很多问题都不需要进入到第三步。当然，如果教导和训练都做了，那就到了孩子需要承担后果的时候，承担后果是非常有必要的。

案例 2. 检查书包

女儿刚开始上小学时，需要自己收拾书包，将学习用品都带齐，睡觉前检查，避免落下东西。老师在学校里教导学生该怎样做，将要求通过信件的方式告诉了我。我和女儿一起学习了家长信，并且在接下来大概一个月左右的时间里，我和她一起收拾书包，看铅笔盒里的铅笔够不够、是否削好，橡皮带没带，书是否带齐了，等等。经过一段时间，我开始放手，让她自己做。

有一天，我发现她没有带数学书，便提醒她检查。她说没问题了，我就没有再继续往下说，因为这是她自己该负责的事情。当天，老师给我打电话，说女儿忘了带数学书，让我以后一定要帮她检查书包，说她因为没带书，上课时非常难过。但我知道，让她难过一次，一节数学课没有上好对她不会有太大的影响，但细心、认真检查的习惯，对她却非常重要。

女儿回家后，我告诉她老师给我打过电话的事情。我表达了自己理解她因为忘了带书而难过的感受，和她一起考虑怎么样才能避免这样的事情再次发生，并告诉她，妈妈这样做的原因是因为妈妈希望她能够成为一个独立、负责、细心的人，因为妈妈不可能在任何情况下都随时提供帮助，只有她自己养成了好习惯才能够保证不再发生类似的事情。

在教养孩子的过程中，孩子们会遇到各种各样的问题、挫折和挑战，有些是成长过程中必然要经历的，有些是现实生活所带来的压力，有些是同伴之间的压力，等等。要想能够坦然面对，做有智慧的家长，就需要有处理问题的方法。当事情发生的时候，我们可以有一个恰当的分析框架，帮助我们评估、定位与思考，有些模型和框架并不一定能考虑到所有的细节，但是可以为你采取行动提供方向。

教养孩子三步走就是这样一个框架，当我们管教孩子的时候，我们要问自己："我走到哪一步了？"同时，恰当的速度和步伐很关键，当然根基是爱，要在爱中管教。

当孩子小的时候，他们没有办法靠自己来做出明智的决定，他们的梦想每一年都会不一样，他们的兴趣也会不断地变化，这就是孩子。他们在不断的尝试和体验中，认识周围的世界，认识自己，形成世界观和价值观，不断地在成功和失败中找到自己人生的目标。不管我们是否愿意、是否支持，每个孩子都将拥有自己的人生。作为家长，我们只是尽我们的力量让他们活出生命的精彩。

> 教养的基础：良好习惯的培养

家长都了解培养孩子好习惯的重要性，但是如何培养让家长感到十分困惑。其实，养成好习惯所需要的步骤并不复杂，总结起来只需要简单的三步，即认知、行动、坚持。

第一，认知。

让孩子明白而且愿意做这件事，理解做这件事的目的。

培养良好的习惯，首先要做的就是设定目标，即“我要帮助孩子养成哪个好习惯”，这个目标一定要非常具体，比如，养成良好的卫生习惯——按时刷牙，或者是培养良好的饮食习惯，如不挑食、爱吃青菜等。总之，要有一个具体的目标。目标设定好之后，再按照培养良好习惯的步骤来实施。下面，我用帮助孩子养成刷牙习惯的例子来说明如何培养孩子的良好习惯。

首先要让孩子明白，刷牙的目的是什么。家长要注意避免让孩子觉得刷牙这件事情是爸爸妈妈要求他这么做的，或者是自己这样做了，爸爸妈妈就会夸他是个好宝宝。而是要让孩子明白爸爸妈妈的要求是为了他得到益处，他这样做，不是为了讨好爸爸妈妈或者是得到表扬，而是可以让自己的牙齿健康，避免龋齿，牙不疼，可以吃好吃的水果、蔬菜和肉，让自己身体健康。

对学龄前的儿童来说，绘本故事或童话故事是最好的媒介，比如《小熊不刷牙》这本书就非常适合引导孩子了解刷牙的重要性。

此外，在这个阶段，可以利用宝宝喜欢反复读同一本书的特点，在培养习惯形成的过程中，多读这个故事给他听，每次读完，将“小熊不刷牙”变成“小熊爱刷牙”的话题，让宝宝模仿，成为一个爱刷牙的“可爱熊”。

第二，行动。

认知问题解决了之后，就进入了实战阶段。认知是前提，行动才是关键。就刷牙来说，家长需要花时间仔细教会孩子正确的刷牙方法。这时，《刷牙歌》是个好帮手，开始时，可以边教孩子刷牙，边唱儿歌。

第三，坚持。

要养成良好的习惯，坚持是必不可少的。而坚持对孩子和家长来说都是一件有挑战的事情，好习惯是否能够养成，最终取决于是否能够坚持。

在这三个步骤当中，最需要技巧的是第一步，最容易被忽视的也是第一步。因为行动和坚持，对希望孩子养成良好习惯的家长来说不难，但是如何让这个需要和目标变成孩子的需要和目标，而不是家长的需要和目标，往往并不是一件容易的事情。随着孩子年龄的增长，培养的目标可能会变得比较抽象，比如勤奋、认真、主动、好学等，因此，如何定义这些概念，将它们更加具体化，将抽象概念转变成为第二步能够付诸实施的具体行为，让孩子了解怎样做才是主动、怎样做才是勤奋等，而不仅仅是为什么要勤奋或者主动，这对家长来说也是尤其需要注意的。

同时，这三个步骤，也是改变坏习惯、建立良好新习惯的三个步骤，只不过第一步需要加入的认知是“为什么我的做法不对”“怎样才是对的”，共同点是明白自己为什么要采取行动。

总之，行动力源于思想。播种思想，是家长今天最重要的工作。在播种思想的同时，加上行动和坚持，就能够实现培养孩子良好习惯的目标。

> 教养的关键：坚持原则

家长对子女的爱都是发自内心的，但是无原则的爱带来的却是伤害，会影响孩子未来的发展。智慧型家长要学习如何有原则地爱孩子，让他们成为既听话又有主见的孩子。

周末，我带孩子们和一些好朋友相约到郊外玩。午饭的时候，我们这桌除了我最小的儿子典典之外，还有两个四岁多的小女孩。吃饭时，两个妈妈嘴里不停地要求女儿多吃，碗里的东西越堆越多，已经快满了，但是两个小女孩却依旧边吃边玩，只吃了一点点。看得出来，妈妈们给两个小女孩提的要求，她们完全没有在意。此时两个小女孩也开始四处走动。忽然，儿子侧过身，小声地对着我的耳朵说道："妈妈，我觉得那两个妈妈不爱她们的孩子。"我愣了一下，不明白他为什么这样说。于是，我扭过头看着典典，儿子见我看着他，就接着小声地在我耳朵边说："因为她们不让自己的孩子把饭吃完，这样对身体不好，您说对不对？

您就会让我把碗里的饭吃完……”语气里充满了自豪。说完，他继续安静地吃饭，吃完后就跑出去玩了。儿子的话让我很感动，他已经开始懂得了放纵不是真爱的道理。

诚然，没有不爱自己孩子的家长，但是如何让孩子深切地体会到家长的爱，并按照家长的要求来做事却不是一件容易的事情。很多时候，家长的爱在孩子的心中变成了束缚，变成了他们想逃脱和抗拒的条条框框，演变成与家长的权力之争，而家长对他们的教导更是变成了耳旁风。如何让孩子体会到家长对他们的爱，并愿意做正确的事情呢？那就是真爱要有原则，要勇于坚持。

在这里，我就培养孩子良好就餐习惯为例来说明真爱要有原则的道理，同时告诉各位家长在生活中该如何践行。

第一，让孩子明白制订规则的原因。

例如，不挑食、定量吃饭、吃饭时不看电视、不边吃边玩等都有助于身体健康；餐桌礼仪是个人素养、礼貌待人的体现。当然，除了就餐，洗手、刷牙、按时完成作业等规定都是为了帮助自己养成良好的习惯，是对自己有益处的规定。当然，孩子明白了道理，并不一定做得到，那如何才能让他们做得到呢？那就要按照第二条来完成了。

第二，训练孩子能够按照规则来做事，当孩子不遵守规则的时候，要有相应的措施。

明白了原则不等于能够坚持原则，比如，挑食或一边吃一边玩，怎么办？当家长坚持原则的时候，常常会遇到孩子的抵抗。再次重申一遍道理吗？他们早就懂了，可不喜欢吃的仍然不喜欢吃，那该怎么办呢？首先，不要给孩子太多他不喜欢吃的食物，先从少量开始，让他尝试，尝试了之后，可以给他一个小惊喜。一般只要坚持一两次，他们就会按照规则来做事了。

在现实生活中，就如我前面讲的场景故事一样，很多家长遇到孩子抵抗或不愿服从时就不再坚持原则，实际上，对孩子来说，表面上看起来他们是赢了，但同时他们也会有疑问，为什么爸爸妈妈说这个规定对自己是有益处的，可又不坚持了呢？有些孩子长大后会抱怨爸爸妈妈不爱他，不关注他，因为他们没有坚持。有些甚至会质疑，自己小不懂事，爸爸妈妈为什么当时不坚持原则？

当然，训练的过程中，一定要让孩子感受到爱和接纳，因此说话的语气和态度非常重要；另外，训练的目的是让他们未来能够独立，并有自我管理的能力，因此该放手时一定要放手。

第三，利用可能的时机来和孩子沟通坚持原则的目的。

家长可以让孩子知道有时放弃比坚持原则更容易，但是，恰恰是因为爸爸妈妈爱他们，所以才知难而上，坚持到底。

在放松的环境和氛围中，跟孩子多沟通，使孩子能够敞开心扉，能理解爸爸妈妈为什么要那样做，从而增加孩子选择做正确的事情的动力。

真爱确实有时会让孩子不舒服，但会给孩子带来内心的力量。家长要用实际的行动告诉孩子，爸爸妈妈真的在乎他们，不仅仅是让他们开心，而是帮助他们成长，帮助他们成为更优秀的人。正是家长坚持原则，才让他们能够更加开心和快乐地成长。

> 如何跟孩子沟通：平静安稳的力量

沟通是帮助孩子成长的最常用也是最为有效的一种方式，有很多书和文章都谈到与不同年龄的孩子沟通时的技术和方法。在这里，我不重述那些技术和方法，而是从心态方面来谈谈如何跟孩子沟通——那就是，借助平静安稳的力量。

沟通是传递信息的方法。如何让孩子有效地接收到我们希望传递给他们的信息，并做出恰当的回应，在未来遇到同样的环境时，他们能够给出恰当的判断，并做出正确的决定？这肯定少不了家长跟孩子沟通时必须具备的一项能力——内心拥有平静安稳的力量。

拥有平静安稳的力量是一种能力，需要我们去学习和掌握恰当的方法。它是与孩子沟通的根基，是一种可以传递的力量，能够增加孩子的安全感，让他们愿意敞开心扉。

有一次幼儿园进行圣诞节文艺汇演，孩子们都抑制不住内心的兴奋，开始说话，后台一下子变得有些嘈杂，如果不及时控制，会影响台上的表演。负责后台秩序的是一位年轻的实习老师，她看到这个场面，有些沉不住气了，脸紧绷起来，和孩子们说话的声音开始变大。可是孩子们不但没有马上停止，声音反而变得更大了。另一位有经验的李老师赶紧过去，轻声告诉这位实习老师："别急。"

接着，李老师走到孩子们面前，将手指放到嘴唇上，"嘘——"，她示意孩子们要保持安静，同时用平静的眼神看着他们，然后弯下腰轻声对他们说，"孩子们，要安静哦，否则爸爸妈妈们会听不到台上小朋友的表演了。"孩子们一下子就安静下来。只见这位老师一边做手势，一边又轻声地说："老师相信你们能够保持安静。"

这段插曲过去之后，我找到这位实习老师。"我明白你看到孩子们影响了舞台上的表演很着急，那你想想，李老师的做法和你的做法区别在哪里呢？你着急了，所以你的身体语言都在传递着这样一种信息，你的情绪会影响到孩子们，他们会更加躁动，更安静不下，这个时候，焦虑的情绪会传染；而李老师平静的语气、眼神和动作，一下子让孩子们安静下来，所以，你自己要安静下来，孩子们才能够接收到正确的信息。"我对这位老师说道。

通常，当孩子犯错误的时候，我们的内心很难平静，有时我们甚至很难控制我们的情绪，特别是当我们在提醒他们之后，仍没有看到改变时就会生气，会变得越来越烦躁。实际上，这些都是正常的反应，于是，我们有时就会采取一些看起来能够马上有效的方法，即通过惩罚、训斥甚至体罚等方法来得到立竿见影的效果，但是这些都无法真正解决问题。在这个时候，我们需要慢下来，用慢思考的力量去面对这个问题，正如丹尼尔·卡尼曼博士在他的著作《思考，快与慢》中所讲的：

当孩子面对的是一个拥有平静安稳力量的你时，你的平静可以消除孩子内心的恐惧，让他能够敞开心扉，将自己的想法告诉你；同时，当你的内心平静安稳时，也能够去聆听孩子的心声，了解他内心的想法，理解他，并能够真正地从思想上去引导他。

你平静和安稳的态度，会营造出一个平静和谐的氛围和环境，在这种状态下，孩子改变的不仅仅是表面的行为，还有深层的态度和想法；而发脾气或直接惩罚所带来的改变只是表面的行为，而且很可能造成孩子的逆反心理，使问题变得越来越严重。表面行为的改变，就如一个孩子曾经对家长说的“我是坐下了，但我的心是站着的”，只有内心的改变才是真正有意义的，才能够带来真正的成长。

因此，当孩子不听你的话，不按照你的要求来改变时，慢下来，让自己的心安静下来，把自己的声音放低，走进孩子的内心世界，理解他们，这样才能够真正地帮助他们，他们也才会愿意听我们的建议。

> 如何跟孩子沟通：宝贝，看着妈妈的眼睛

当我们和孩子沟通的时候，让孩子看着我们的眼睛，是一个非常有用的技巧。

让孩子看着我们的眼睛，这一个简单的动作却可以起到事半功倍的效果。

首先，可以让孩子知道，跟他人沟通的时候，看着对方的眼睛，是对彼此的尊重。因此，我们让孩子看着我们的眼睛，是在教导孩子如何更加有礼貌，这是一种彼此尊重的表现。

其次，可以让孩子更加专心地倾听。当孩子看着我们的眼睛时，他们能够更用心地听我们讲话的内容。如果他们的眼睛看着别的地方，他们的注意力很容易分散。

最后，可以表明你是认真的，希望他能够认真听，并按照你说的去做。对孩子来说，当他们不想改正的时候，他们一定不会看着我们的眼睛。所以，当我们让他们看着我们的眼睛时，他们往往会躲避，或者

干脆不听我们的。这个时候，我们就要慢下来，要求他们看着我们的眼睛，认真地和他们讲。

当我们要求孩子看着我们的眼睛时，一定应该注意以下三点：

第一，平和的语气和语调。

平和的语气和温柔的语调会让孩子感觉到安全，也更容易安静下来。同时，家长的声音要放低些，这样孩子更容易专注，从而为有效的交流开个好头。

第二，表情一定要平和。

不管孩子做了怎样的事情，都要尽量用平和的表情面对孩子，否则孩子会恐惧。

第三，不要只在批评孩子时才让他们看着我们的眼睛。

如果只是在孩子犯错误时才要求他们看着我们的眼睛，孩子就会躲避我们，因为他们会觉得只要让他们看着我们的眼睛就一定会被批评。所以，一定要让孩子了解，看着爸爸妈妈的眼睛是对彼此的尊重，是爸爸妈妈爱孩子、想认真地和孩子讲话才这样要求的。因此，当孩子有好的表现时，我们也可以让孩子看着我们的眼睛，告诉他："孩子，你看着妈妈的眼睛，刚才妈妈看到你在帮助小弟弟，你真的很有爱心。"或"刚才宝宝帮助妈妈一起准备做饭的材料，真是妈妈的好帮手！"

在我工作的苹果树幼儿园，当需要我和孩子们交流时，我都会温和地对他们说："宝贝，看着老师的眼睛。"当孩子第一次和我谈话时，我就会柔和地告诉他们我们谈话的原则：第一，看着老师的眼睛；第二，老师问的问题要用语言来回答，不要用点头或摇头的方式（注意一定要用很轻的声音和孩子讲话）。我会向他们解释为什么要看着老师的眼睛——因为老师和小朋友说话的时候，会看着小朋友的眼睛，这样表示老师尊重他们；同样，小朋友也要看着老师的眼睛，这样表示小朋友也尊重老师。有些小朋友因为犯了错误，不想看我的眼睛时，我会先示范，我和他们说话时，不看着他们是不是不礼貌。让他们体验之后，他们就能理解眼睛不看老师也是不礼貌的。当孩子们听到我柔和的声音和解释，并看到我平和的表情时，他们就会放松下来，然后我就会告诉他们老师是希望帮助他们，等等。

第二条原则的目的是为了帮助孩子放松下来。因为当孩子用语言表达自己时，他们就可以较快地放松下来，哪怕只是简单地说“对”或者“是的”“不是”等都能够帮助他们尽快放松下来，心平气和地和我交流，从而体会到我对他们的关爱，承认自己的错误并愿意改正。在家里，我和孩子们沟通也是一样，他们会看着我的眼睛，回答我的问题，这样的交流使得信息沟通更加顺畅，从而成为有效管教孩子的方法。

因此，如果家长使用正确的方式让孩子看着你的眼睛和你交流时，孩子焦躁、害怕或者难过的情绪就会很快平复下来，逃避责任的抵触心理也会降低。孩子能够体会到你对他的关心和爱护，交流的气氛会更加和谐。家长和孩子之间可以真诚地沟通，在这种氛围中，孩子内心积极的一面就容易被激发出来，就愿意主动努力成为一个更棒的自己。

> 拒绝做狮吼型妈妈：如何变得更有耐心？

有一天，我收到一位妈妈发给我的求助帖：

自从有了小女儿，我的耐心却丢了，总是忍不住发很大的脾气，之后又会很自责。和老公也总会因为孩子起冲突，我也很烦恼。有没有什么方法能够在关键时刻阻止我发火，延长耐心呢？

我深切地体会到她的无奈，我能理解她希望寻找一种可行的方法来让自己更有耐心，希望自己是一个温柔的妈妈和智慧的妻子，用爱和忍耐来处理冲突和矛盾，而不是大发脾气。实际上，她不是把耐心丢了，而是找不到自己了，是内心的力量感和价值感的缺乏导致她容易发脾气，而这样的情绪会让她更加没有力量。

我相信这种妈妈一定不是少数，是什么原因导致了这样的问题，同时又该如何面对和改善现状呢？

要想解决一个问题，首先要找出这个问题的形成原因。那么造成这种情况的主要原因有哪些呢？

第一，身份的改变不会带来知识和能力的自然增长，面对新的挑战，新妈妈常常难免内心焦虑。

我们花了十几年的时间学习如何工作，但花时间学习如何做家长往往是从怀孕才开始，即使抓紧时间读了很多书，当孩子降生之后，就会发现自己的孩子绝对是独一无二的宝贝，没有一本书能够满足对他们的教养的需要。然而即使有这么一本书，让书本的知识变成自己的行动，也需要一个实践的过程，并非易事。

那些看似微不足道的小事都可能需要一段时间的操练，比如，怎么抱这个刚出生的软软的宝宝？怎么给宝宝喂奶？宝宝的小脸都哭紫了，怎么就是吃不到奶呢？可是宝宝听不懂我们说的任何话，吃个奶都像是一场“战争”……而随着时间的推移，这种无力感却很难自动消失，甚至会加重，因为旧的问题还没完全得到解决，随着孩子的成长，新的问题又出现了。而作为妈妈又生怕因为自己的失误影响了宝宝的成长，这样的无力感和焦虑感会让妈妈的内心不再平和，不自觉地就会以发脾气等方式把负面情绪发泄出来。

第二，心态的转变。

怀孕期的妈妈都会期盼着宝宝的出生，而生过宝宝的妈妈都会半开玩笑地说：“等宝宝生出来，你就会希望你能够把他放回肚子里！”尽管怀孕不容易，生完宝宝后妈妈就会发现，怀孕时除了稍稍有些不便之外，我们的自由基本不受影响，可以继续上班，和朋友见面、逛街等，而且因为怀孕的缘故，走到哪里好像都会得到某种特殊的待遇，全家人也都会对我们关注有加。而宝宝出生之后，情况就不一样了。刚出生的宝宝需要我们全身心地照顾，为了有足够的奶水，我们还要注意饮食，即使有一点儿时间外出，还要想着自己是带着宝宝的“饭”出来的，一定要按时回去；如果没有其他人帮忙带宝宝，我们可能连休息的时间都没有，甚至在宝宝小的时候，我们连一觉睡到天亮的机会都失去了。诸如此类的变化，会让我们一下子失去了自己。

记得在我的女儿四个月大的时候，朋友给我打电话。那天，阳光明媚，她问我在做什么，我笑着调侃说:“他们都出去了，我像一只‘困兽’一样待在家里，哪儿也去不成。”她说:“你等着，我和先生开车去接你，我们一起到公园去玩！”我对自己的形容词是“困兽”——孩子出生后，我们不得不面对所有的这些变化，调整心态，要面对的可能是失去了以前职场上的如鱼得水，还可能是失去了过去众星捧月般的生活，生活的重心一下子发生了如此巨大的改变。心态若没有调整好，就很难心平气和地处理新挑战带来的问题。

第三，缺乏支持系统。

孩子出生后，我们需要面对很多新问题和新的变化，没有一个支持系统，会令这个新任务变得更加艰巨。就如我上面举的例子，那天，看着窗外的明媚阳光，我内心有一种沮丧：先生出差，没有人帮我带孩子，我没有办法一个人带她出去玩。朋友打电话时，冲口而出的抱怨代表了我内心真实的感受。然而，当朋友驱车带着我和女儿来到植物园，我们一起坐在草坪上野餐，女儿被周围的一切吸引，发出愉悦的“哦，啊”声的时候，我的内心也得到了极大的满足。实际上，这个朋友就是我支持系统的一部分。

实际上，知识的积累和心态的转变，必然需要一个持续的过程，而且随着孩子的成长，妈妈将面对不断出现的新问题和挑战。如果爸爸比较传统，认为管教孩子是妈妈的事情，那么遇到的挑战会更大；即使爸爸愿意多参与，也同样需要一个系统学习、经验积累和不断调整的过程。

因此，建立一个有效的支持系统才是解决问题的最有效的途径。

如何建立这样的支持系统呢？原则是：根据需要和目标来寻找和整合身边的各种资源，使各种资源能够满足不同层面的需要。

下面，我给出四点建议：

1. 家庭中资源的整合。

谁可以帮助我们一起带宝宝？女儿刚出生的时候，奶奶来帮助我带她，奶奶在如何照顾宝宝生活方面有丰富的经验，所以生活上如何照顾宝宝，我基本上都尊重她的意见，如果和书上不一样，我就会说："您就是科学，按照您说的做吧！"这样在教育方面，我就赢得了更多的话语权，因为老人往往更注重孩子的生活层面。所以，利用家庭资源时，要有所侧重，有智慧地处理家庭的关系。

2. 给自己找导师。

在教育孩子的经验方面，不能光靠读书，所以给自己找个导师是捷径，遇到问题请经验丰富的专业人士帮助，可以少走弯路，也可以避免问题堆积。比如，女儿刚出生时，我有幸认识了美国婚姻家庭顾问雪莉女士，便每周和她约时间向她学习如何管教孩子。让我至今仍记忆犹新的就是，当她和我分享如何与孩子沟通的话题时，她那强调的语气和表情让我意识到，说话的内容固然重要，但对孩子来说，语气和表情更重要！除她之外，我在教育方面还有好几位非常专业的导师。在你的支持系统里，谁是你的导师？你可能会说，我身边没有这样的资源，实际上，在网络时代，资源就在你身边，你可以通过加入某些社交群体，获得非常专业的支持。

3. 利用机构性资源。

通过优质的早教中心、亲子课堂、幼儿园等专业性机构，获得支持和帮助。而且，有些教育机构会提供专业的咨询和培训，这不仅能提高我们的能力，还是我们寻找导师的机会。

4. 家庭型朋友圈。

有了宝宝之后，因为小朋友们在一起玩，很多家庭之间也变成了朋友，因为孩子的年龄相当、兴趣相投，可以一起外出郊游，参加各类的活动等，并且彼此交流教育心得和分享教育资源，共同成长。因此，可以寻找这样的家庭组，成为其中的一员。

建立一个有效的支持系统，可以减少我们的完美倾向，让我们变得更加坚强。当我们需要倾诉时，有人愿意聆听；当孩子需要结伴出去玩时，有志同道合的家庭一起出发，家长之间是好朋友，孩子之间是好伙伴；流泪的时候，有人在意；开心的时候，有人分享。

因此，对于那位无奈的妈妈，我要建议的是，不要去阻止自己发火，而是让自己内心平和而安静，充满力量。这样慢慢会发现，我们发火的次数越来越少，育儿的过程也越快越快乐。

孩子是上天赐给我们的珍贵礼物，在帮助他们健康成长的同时，我们的性格也被重新塑造，教养孩子的过程也成为家长自身不断成熟和完善的过程。

花时间评估一下自己的状态，哪方面是面对的最大的挑战，哪方面是能够尽快得到改善的。所有的变化和成长都需要过程，放松下来，给自己成长和改变的时间，学习利用身边的资源来增加自己内心的力量，和孩子一起成长，我们的生命就能够变得更加丰满。

接下来，我将带领大家根据生活中的真实案例一起走进孩子的世界，上一堂幸福而美好的“父母公开课”。

Right

第二部分

PART 2

父母公开课

> 孩子“帮倒忙”，家长要有耐心

家长提问：

大人扫地，文文也忙着拿扫帚一通忙活，结果弄得地上更脏了。爷爷浇花，小家伙也凑上去帮忙，弄一地的水，自己的衣服也湿了。孩子越帮越“忙”，作为家长该如何处理呢？

尹老师的建议

看到大人做事情，孩子过来帮忙，首先，这种行为非常值得鼓励和称赞。请记住，“孩子的想法和我们不同，但感觉和我们一样”。当孩子来帮助并参与家务的时候，家长的鼓励和欣赏会让他们更愿意付出努力；相反，如果我们说“又来帮倒忙”“别捣乱”之类的话，孩子就会有挫败感，失去做事的积极性。所以，看到孩子拿着扫帚过来帮忙的时候，家长要高兴地说：“哦，你也想帮忙，对吗？真棒，欢迎你来做妈妈的小帮手！”

接下来我们要耐心地教孩子如何做。扫地的时间可能因为要教孩子怎样做而变长，但是，这段美好的亲子时光将会非常有意义。可以让孩子先观察妈妈怎样拿扫帚、朝哪个方向扫，还可以给孩子划分一小片“工作区”，让孩子自己试着完成。接下来，还可以给孩子买一把适合她用的小扫帚，这样她就能和妈妈一起“工作”了。至于给花浇水的事情，爷爷用大水壶，孩子用小水壶：可以在矿泉水瓶上扎几个洞，自制一个小漏壶，让她使用。在浇花的时候还可以给她讲为什么需要给花浇水，如何正确地浇水，水分是如何从根部达到叶子的，等等。这样日积月累，孩子的价值感、自信心和自主性会越来越强。孩子也会更懂得感恩、关心和体谅家人。

两岁至三岁的孩子可以做哪些简单的家务呢？比如：帮助铺床，把玩具和儿童读物从地上捡起来，饭前把餐巾纸放到桌上，帮助准备宠物饲料，把袜子套在手上掸灰尘，帮妈妈拿扫帚，帮家长把衣服挂上衣架，浇花，等等。

每个孩子都拥有与生俱来的美好天性，作为家长要学会去呵护和培养他们，不要让孩子乐于帮助他人的美好品格在一句句“帮倒忙”“净捣乱”中被泯灭。

> 做家务要给孩子钱吗？

家长提问：

女孩，六岁，有时跟她讲好帮着做家务会给她零花钱，她很乐意接受。请问，我这样鼓励她通过劳动赚钱是否太早？这样是否会误导她以后做任何事情都要求回报？

尹老师的建议

在孩子成长的过程中，安全感、归属感和价值感的培养对他们来说非常重要。帮助家人做事可以带来内心的归属感和价值感，因此鼓励并要求孩子参与家务有益于孩子的成长。

然而，玩耍又是孩子的天性，孩子通常不喜欢做事。这就是为什么让孩子做家务时他们会不高兴，有时甚至会生出反抗情绪。多数家长认同做家务的意义，可又不想面对孩子负面情绪的挑战，于是就采用给零花钱的方式。那做家务到底该不该给钱呢？

首先，最好不要让孩子养成平常做家务就有钱可拿的习惯。

让孩子在家里承担一些责任，可以帮助他们培养责任感和自律的精神，增强家庭归属感。因此，最好不要让孩子养成平常做家务就有钱可拿的习惯。如果孩子养成这种习惯，那他们会觉得做每件事都应该有利可图，如此一来，他们就失去了与家人分担责任的观念。

其次，适当给予孩子奖励。

如果孩子连续一周都能主动做家务，而且表现得很尽责，那么家长就可以给予他们奖励。每个小小的奖励都可以鼓励孩子，也可以提醒他们记得自己应该负责的事。

最后，制订规则，有选择性地对孩子完成一些家务给予奖励。

这种方式可以增强孩子做家务的积极性以及金钱管理概念。如果孩子渴望多拥有一些零花钱，就可以借此机会赚钱。

在我们家，我们将某些家务分为基本家务，如倒垃圾、扫地、刷碗、择菜、摆碗筷、收拾房间、整理床、擦家具、叠衣服等都属于这个分类，不会付钱。开始时，他们也会不高兴，会攀比，告诉我说，他们的朋友如果在家刷碗的话，家长会给钱。为了给孩子解释这个规则，我特意选择在就餐的时间开家庭会议，明确地告诉他们，家务是家里每个人的责任和义务，是生活在这个家庭里的每个人都有责任要做的事情，让家里干净整洁是家里每个成员的责任，所以全家人都有责任保持家里的整洁。帮忙做家务，这就好比爸爸妈妈做饭给大家吃，大家都不用付钱一样，他们做家务也一样，爸爸妈妈也不会给他们钱，因为他们是这个家里的主人——这些是主人的责任。所以，我们家的小主人们现在已经养成了做家务不计报酬的习惯，愿意主动帮爸爸妈妈做事，刷碗等一类事情已经被他们包了。而且，当他们的朋友们问他们在家里做家务给不给钱的时候，他们会很自然地说："给自己家里做事，付什么钱呀！"

另外，我们会有一些选择性的家务，如果做的话，会得到报酬，并明码标价，比如彻底清洁洗手间、擦楼梯等。除此之外，孩子们还有一些不定期的挣钱机会，如家里需要大扫除，想找小时工来帮忙时，就会提前问他们，并一起估算工作量。刚开始我们决定以比小时工略高的费用付给他们，作为对他们爱劳动的奖励，但是他们主动提出可以比小时工略低的费用付给他们，因为他们做就是为了给家里省钱！

当然，让孩子乐于承担家务，不是一蹴而就的，这需要一个过程，家长要用爱与原则来陪伴孩子成长。

> 帮孩子选择合适的玩具

家长提问：

儿子快上小学了，我想让他把精力放在学习上，因此就不再给他买玩具车之类的玩具了。但他的伙伴有很多玩具，他也想要。我该不该给他买玩具？什么样的玩具才适合他呢？

尹老师的建议

很多家长认为孩子要上小学了，要以学习为主，一切要为学习开路。在此提醒家长不必如此紧张。首先，就学习内容来说，小学低年级的学习内容不会对孩子构成太大负担，而真正造成孩子负担的是没能适应小学学习的特点，没有养成良好的学习习惯；其次，当家长以孩子学习为理由，不给孩子买玩具或者不让他继续玩玩具的时候，孩子会有什么样的想法呢？他的第一反应会是“都是因为要学习，我都不能玩玩具了”，这样会在无形当中让孩子把学习当作敌人来看待，在心理上出现潜在的抵触情绪。

实际上，很多寓教于乐的玩具是孩子学习的好伙伴，所以让孩子将精力放在学习上，跟给他买玩具并不矛盾，而且恰当的选择还会有助于孩子学习能力的提高和学习习惯的培养，让学习变得更有趣。

第一，了解孩子，清楚孩子需要提升的方向，设定发展目标。

对该入学的小朋友来说，心理状态、个人能力和知识的储备必不可少，这三方面准备充分，孩子可以更加自信，家长也会更放心。因此，家长要做的第一步是观察和评价孩子上述三个方面的发展水平，如果自己没有把握，可以请老师帮助，才能做到有的放矢。

第二，为孩子选择有助于个人全面发展的玩具。

玩具车一类的模型玩具，进一步操作的空间比较小，而很多优秀的儿童玩具都为孩子提供了进一步操作的空间，孩子们可以按照自己的想法重组和改造，并不断创新。家长可以根据培养目标来选择玩具：一类是用来培养和锻炼孩子的耐心、专注力，激发和培养他们学习兴趣的玩具和图书，例如，给孩子买适龄的主题拼图、拼玩识字、迷宫书、立体书、绘本等。这些玩具和图书不仅能够扩展他们的知识面，而且能够激发他们对知识的渴望；另一类玩具是手工操作类玩具，如乐高和乐博士，这些拼插类玩具不仅可以提升孩子的动手能力、手眼脑的协调力，促进精准动作的发展，为他们上学写字做准备，更重要的是可以培养他们的想象力、创造力和独立性，而且能够给他们带来成就感。

我让儿子用他的构建材料建构一个太阳系。他首先需要了解的是太阳系的构成，然后要知道行星的位置和大小。我会和他一起研究各个行星表面的温度、特点、颜色，有没有卫星。在这个过程中他学到了所有知识点，而且记得非常好。有时我喜欢说“用手记得更牢固”，因为通过动手操作，这些知识都变“活”了，这是一种身体的记忆，知识就变得很容易记住。

孩子玩的时候，家长适当参与也是很重要的一环。恰当的引导可以在提升孩子动手能力的同时，提高他们的观察能力和逻辑思考能力，鼓励孩子用语言来表达自己的想法和设计，提升语言表达能力。当孩子遇到困难和挫折时，家长要鼓励孩子，帮助其提高抗挫折能力。我相信，适合的玩具不但不会影响孩子的学习，还会让他们对学习更有兴趣，让他们对要学习的知识记得更加牢固，同时也能够实现自身的全面发展。

学会正确地表扬孩子

家长提问：

我平时在家对女儿的鼓励很多，经常表扬她，偶尔有一两次没有表扬她，她就会很不高兴。我现在不知道该怎么说才能既不让她失去信心，又不让她盲目乐观，养成虚荣的习惯。

尹老师的建议

《教养大震撼：关于小孩，你知道的大多都是错的！》一书是2009年《纽约时报》排名第一的畅销书，书的第一章“都是表扬惹的祸”结合美国十几年来的新发现，通过实例和研究成果证明，过多的表扬会给孩子的成长造成负面影响，尤其是没有行为根据、不具体涉及某一行动而只泛泛地夸奖孩子本身如何聪明、美丽、善良等一类的表扬会对孩子产生负面作用。

当然，这些新的发现并不是说不要表扬孩子，而是需要表扬得法。那么，家长应该如何做呢？我从三个方面来谈这个问题：

第一，表扬为什么会带来负面影响？

首先，表扬或奖励会减弱孩子对事物本身的兴趣，孩子主动去做一件事情的时候，他的初衷可能会变成得到家长的表扬或奖励，因此慢慢地会变得被动。

而一旦失去了这些外在的动力，需要自己思考未来的时候，孩子会不知该何去何从。实际上，这样的现象并不少见，比如，一个孩子从小成绩好，表现好，一直得到老师和家长的表扬，自然而然地，这些表扬成了他追逐的目标和行为的动力。到了要独立找工作，寻找生活目标和方向的时候，却不知道自己真正想做什么。

其次，对小孩自身特征的表扬，如聪明、漂亮等，会使孩子忽视努力的重要性，因而回避挑战。

如果我们过多地表扬孩子聪明、漂亮，孩子就会认为聪明是最重要的，而努力不重要，于是，有些孩子遇到困难，就会认为自己不能克服，轻易放弃努力。

另外一些孩子则是因为被过多地夸奖，让他们觉得自己非常聪明，而背上了思想包袱。遇到挑战时，他们会非常紧张，为了保持自己聪明的形象，而选择放弃。因为这些孩子通常会认为：如果我努力了，还做不到，别人就一定会认为我不聪明。于是，他们干脆就放弃努力，宁愿被别人说："看，这个人其实很聪明，只是不努力，要是努力，一定能够做好的。"

第二，不要这样表扬孩子

首先，避免过度关注和表扬孩子无法通过努力而改变的自身特征，如聪明、漂亮、身高等，要让孩子意识到，先天条件固然重要，后天的努力才是最重要的因素。

其次，避免虚伪的表扬。

孩子们很聪明，很容易就看出大人表扬中的言不由衷。当孩子没有做好，而大人还是去表扬，以为这样可以鼓励他，增强他的自尊心，殊不知这样做会使表扬变得廉价。这样的表扬很难达到鼓励孩子的目的，有时还会适得其反，伤害孩子的自尊心。

最后，避免将表扬作为控制孩子行为的手段。

有些时候，大人表扬孩子是为了达到自己的目的。比如，孩子正在玩一个玩具，为了能够让孩子将玩具给其他小朋友玩，有些家长会使用暗示性的语言，如“宝宝特别有爱心，肯定会分享的”，结果孩子就分享了他的玩具。其实，这不是因为他愿意分享，而是因为他想得到表扬。慢慢地，可能就会导致孩子做事缺乏主动性。

第三，表扬孩子的正确方法

1. 使用描述性的语言，具体而真诚，避免只使用抽象的词汇。

比如，孩子主动和别人打招呼时，妈妈不要简单地说：“宝宝真棒！”而是说：“宝宝和阿姨打招呼，真有礼貌！宝宝真棒！”这样既能够让孩子明白什么是有礼貌的行为，而且妈妈描述性的语言可以让孩子明白什么样的行为是正确的。此外，要注意真诚，孩子做得不好的方面一定不要去表扬。比如，孩子的涂鸦乱糟糟的，妈妈一定不要夸孩子画得真漂亮，而是要问问孩子画的是什么，请宝宝给你讲他画的故事，表扬他的想象力，或者注意一下孩子画的线条、使用的颜色等，否则就失去了表扬的意义。

2. 表扬孩子所做出的努力，关注孩子能够控制和改善的。

表扬孩子聪明、漂亮、帅气并没有错，我们也没有办法阻止周围的人来这样夸奖他们，天赋固然重要，但是后天的努力更重要，要让孩子慢慢地明白“成功是1%的天才+99%的努力”这个道理。

表扬孩子的努力，让他知道努力了就是最棒的。在幼儿园，我常常遇到这样的孩子，如果他们没有别人跑得快、没有别人画得好、没有别人有创意，他们就会沮丧，就想放弃。这时，老师就会告诉他们：“努力了就是最棒的！”引导他们去尽力做到最好。结果固然重要，但是努力比结果更重要。

3.发现孩子的成长，让你的称赞指向未来。

作为家长，要善于观察孩子的成长。有一天，我的儿子典典在找一本书，他找了很长时间也没有找到。“我发现你今天很有耐心，而且很认真地在找书。”听到我这样说，还在认真寻找书的典典笑了，说：“要是以前，我找不到早就大哭了，对吧？”他非常高兴我看到他的成长。于是我们就一起讨论耐心、认真、安静思考的重要性。我也知道，我今天的表扬已经在他的心里播下了一颗向上成长的种子。孩子小，他们要一天天地长大。发现他们的成长，及时的鼓励和表扬会让他们更加自信、成长得更快更好。

学习恰当、科学地表扬孩子是一个过程，需要家长不断地操练和学习，只有正确的方式才能够实现达到预期的目标和效果。不要让我们没有智慧的爱削弱孩子，也不要让我们没有智慧的爱变成阻碍孩子成长的障碍。

> 如何面对“小霸王”？

家长提问：

我儿子今年四岁了，我和孩子爸爸工作忙，一直是爷爷奶奶带孩子。不知道从什么时候开始，他变得特别霸道。在小区里玩跷跷板，他坐一头儿，却不让别人坐另一头儿；玩滑梯也是，他挡在滑梯上，不让别的小朋友玩。什么事都必须他说了算，他太让我头疼了。

尹老师的建议

从表面上看这个男孩很强势，又特别霸道，但实际上，他是一个“外强中干”的“假霸王”，是个内心渴望得到爱和关注的孩子。为什么会出现这样的问题呢？

首先，爸爸妈妈工作太忙，没时间陪伴孩子，这样往往会导致孩子的安全感和价值感受损。缺乏安全感的孩子，有时会选择用这样的行为来引起大人们的关注。

其次，老人在带孙辈时一般会没有原则，而家长没时间陪伴孩子，会加重老人对孩子溺爱的可能，老人内心会更加心疼孩子，他们的理论是：爸爸妈妈那么忙，没时间带孩子，所以应该尽量顺着孩子，避免孩子哭，否则爸爸妈妈也没有办法安心工作。所以他们在带孩子时，一般会不太坚持原则，这就容易导致孩子在行为方面没有界限，往往是自己想干什么就干什么。

同时，我们可以看到，孩子在小区玩耍时的行为使他无法和小朋友建立积极友好的关系，无法和小朋友一起共享快乐，这样他的内心会更加孤独、无助。他不知道如何去尊重别人，而他的这种做法一定会遭到批评，这样会让他内心的价值感和力量更弱。因此，他就用表面的强势来对抗自己内心的无力感。

所以，作为家长，应该看到他行为背后的原因，用爱和接纳来帮助他，可以尝试从下面几个方面来帮助他提升安全感和价值感，有智慧地爱他，增强他内心的力量，同时引导他去学习享受和小朋友友好相处的乐趣，教导他合宜的行为规范，并注意培养他的同理心，提升他的情商，使问题逐步得到解决。

第一，在管教他的行为问题之前，先让他体验到家长的爱和接纳。

尽量挤出时间陪孩子，与孩子建立更亲密的关系。否则，如果家长的角色就是管教他，很可能会更深地伤害他，让他更加没有信心和安全感，也容易使孩子形成负面的自我形象，将来更叛逆。

第二，增加与小朋友交往的机会，培养乐群意识。

引导他用正确的方式和小朋友一起玩，增强他与小朋友交往的积极体验。先从一两个社区的小伙伴开始，慢慢扩大他的交往范围，让他学会礼貌待人，并体验合作的快乐；同时，在玩的时候，让他明白公共设施是大家的，大家都有权利玩，教导他使用公共设施的规则并努力遵守等。

第三，通过故事和角色扮演等形式，让他学会正确的行为方式。

讲故事和读书是引导孩子非常有效的方法，避免了说教和批评，让孩子更容易敞开心扉来学习和接受正确的思想、价值观和行为方式；而角色扮演可以让孩子有机会尝试和体验各种角色的内心感受，学习如何去尊重别人，学习正确表达自己想法的方式等，从而提升他的同理心和情商，并且能够在遇到问题时采用正确的方式来处理。在讲故事和角色扮演过程中，还可以加入现实发生的一些事情，和他一起探讨哪些行为是合宜的，哪些是不合宜的，应该如何改善等。

第四，通过家庭会议与老人共同探讨如何来帮助孩子，确定目标和方法，不要彼此抱怨，一起积极面对。

第五，改变是一个过程，一定要有耐心。

孩子的改变和成长不会一夜之间完成，需要家长耐心的等候和支持，要注意到孩子每个微小的成长，鼓励他，从而增强他不断进步的信心。

积极和谐的亲子关系是教养成功的关键，需要耐心和无条件的接纳，既要花时间，也要等候孩子的成长，从而避免仅仅是行为上有了改善，却造成对孩子心理上的伤害，要帮助孩子成为内心强大的人。

> 如何引导爱撒谎的孩子？

家长提问：

我女儿现在五岁多了，最近我发现她常常撒谎，比如有一次我看见她打碎了一个杯子，她以为我没有看见，告诉我是家里的小猫碰掉的；从课外兴趣班回来，不完成老师布置的作业，反而说老师没有布置作业。我不知道她为什么要选择说谎。

尹老师的建议

孩子说谎有多种原因，随着孩子年龄的增长，幼儿常见的因为幻想与现实不分而出现的“撒谎”将会越来越少，更多的则是孩子的一种故意行为，其目的往往因为害怕被批评或承担后果、逃避责任、想得到自己想要的东西等。首先家长应该做好榜样，不对孩子撒谎。但是孩子的行为不仅受到家庭环境的影响，社会环境也非常重要。孩子非常善于模仿和观察，有一首歌是教育小朋友要诚实的，其中就有小花猫打碎了花瓶，因为害怕被批评，因此就撒谎了，而这个情节也会被孩子模仿。因此，家长要观察自己的孩子，对喜欢模仿负面情感的孩子，他平时看的书和接触的电视和音像制品，家长要进行仔细甄别，加强对孩子的正确引导。对五岁以上的孩子来说，可以从下面几个方面来帮助孩子养成诚实的品格：

第一，养成建立品格从内在的价值观开始。

孩子都知道撒谎是不对的，但是撒谎却给他们带来当下的好处，比如妈妈问写完作业了没有，他撒谎说写完了，就可以继续玩，至于撒谎这件事情带来的后期影响，都是将来的事情，他们专注的是当下的感受。因此，家长要引导孩子认识到诚实的重要性，让孩子去体会、理解什么是良好的品格，建立其内在的价值体系，让孩子自己愿意努力成为一个品格高尚的人。

第三，接纳和耐心是必不可少的要素。

养成孩子良好的品格和习惯是一个过程，就像将一粒种子种到土壤里，要给种子浇水、施肥并耐心等候种子发芽，孩子的成长需要家长用接纳的态度来对待，越是在孩子出现较多频率的谎言的时候，越是要更加有耐心，一定不要打骂孩子，否则害怕被惩罚可能导致孩子更倾向于撒谎，或因为害怕而掩盖事实。值得注意的是，这里所说的接纳是接纳孩子的不成熟，而不是孩子撒谎这件事，错的事一定要改正，并要为错误道歉并承担后果。

第三，帮助孩子处理并解决遇到的困难，设定家规和鼓励机制来帮助孩子养成良好的习惯。

很多孩子都出现过因贪玩或不想写作业就撒谎说没作业或作业写完了的情况，因此设定家规可以帮助孩子了解家里对于他的行为的期待和要求，当他遇到困难时家长愿意帮助他来解决，如作业不会做可以请家长帮忙讲解，或者在孩子没有养成好习惯之前，家长要定时检查作业。

作为家长,我们需要积极地面对孩子成长过程中遇到的挫折和困难，和孩子一起去面对，成为他们的帮助者和守护者。爱里没有惧怕，爱可以让孩子向我们敞开心扉。

为什么孩子会有不良行为？

家长提问：

我家宝宝有时候脾气很暴躁，并且经常做错事。虽然我们也经常纠正他的错误，但是他的种种不良行为却层出不穷。不知道孩子天性如此，还是我们的教养方式有问题？

尹老师的建议

和家长在一起时，常常听到很多有关孩子不良行为的故事，这通常会令家长感到头疼，那么为什么孩子们会有不良行为呢？实际上，当我们认真观察的时候，就会意识到孩子的不良行为背后都有其目的。如果我们能够了解这背后的原因，就能够更好地帮助和引导他们学习用正确的方式来表达自己，达到自己的目的，从而减少或消除不良行为。

如果认真观察有不良行为的孩子，我们不难发现，他们往往是沮丧的，他们并不快乐，使用不良行为是他们引起别人注意的手段；而且还会发现，他们内心深处不相信通过积极或者恰当的方式能够达到自己的目的。

例如，有个孩子想吃糖，他就开始哭闹，因为他认为如果不哭闹，家长是不会同意给他糖吃的。于是，哭闹就成了他要糖的一种方法，在他希望达到这个目的的整个过程中，他会表现得很不开心，直到他得到了那块糖之后，才会有短暂的平静。而当他有下一个目标时，同样可能会选择用其他形式的不良行为来实现自己的愿望。作为家长，要注意孩子不良行为的结果，而不要只注意不良行为本身，因为不良行为的结果才会显露其行为的动机。

尽管引发儿童不良行为的目的可能各式各样，然而依然可以将其进行分类。著名的精神病学专家杜瑞克斯曾经将儿童的不良行为分为四大类，他称这些行为是“有目的的行为”，即这些不良行为可以让孩子实现他们希望达到的某些目的，这些目的包括：1. 引起注意；2. 追求权威；3. 报复；4. 表现能力不足。

各种情况的具体特征和应对策略如下：

第一，引起注意

能够得到家长的注意是孩子的普遍需要，有时他们宁愿被处罚，也不愿意被忽视，因为家长的注意让他们有一种归属感，让他们可以感受到家长的爱。

对于想要帮助寻求得到注意的孩子，首先，要教导他们什么样的方式才是引起注意的正确方式；其次，要改变过去的回应方式，因为有些消极的行为是由于被家长的不良回应方式所强化而导致的习惯反应；第三，用新的回应方式来回应他们，当他们改变了不良行为之后才能给予他们希望得到的关注；第四，教导之后，要花时间帮助孩子建立正确、积极的行为方式；最后，在他们还未期待得到关注的时候，先去关注他们，为他们的“情感油箱”加满油。

比如，一些孩子非常不喜欢家长陪朋友说话，每当这个时候，他们就会不断地过来打扰，或者是提出各种各样的要求，或是发脾气，等等。这时候家长可以尝试用下面的步骤来帮助孩子改善。

首先，告诉孩子这样的行为是没有礼貌的，然后告诉孩子，他可以走到家长身边，轻轻拍拍家长，家长自然会回应他的需要。同时，家长自己也应该注意在和朋友说话时，一定不要完全忽视孩子，要在他还没有提出需要的时候，及时关注，将孩子的“需要获得”转化成家长的“主动给予”，从而避免出现不良行为。

第二，追求权威

实际上，这就是亲子之间的权力之争，这样的权力之争往往没有赢家，在这种情况下，家长即使赢了，也是暂时的，而且往往会影响亲子关系。

在面对寻求权威的孩子时，家长首先不要发怒，同时避免让自己陷入到权力之争中。家长要尊重孩子，理解孩子的需要，耐心地去倾听他的想法。家长使用权威来控制孩子会导致他认为权力很有价值，并增强他对争取权威的渴望。

对于这样的情况，家长最应避免的话语就是“听我的！”“我说不行就是不行！”等等。

第三，报复

“以报复为目的的孩子相信自己是不可爱的，他们相信自己是受害者，也只有借着伤害别人，才能让自己显得重要。他们靠残忍和被人讨厌来寻求一个地位。”“孩子报复性的行为附生于沮丧和气馁，并不一定

是因为家长所做的什么才引起的。”（引自唐·丁克迈耶，《家长自我训练手册》）

对于这种类型的孩子，家长的爱、接纳、忍耐非常重要，增强他们的自我价值感和帮助他们建立正面积极的自我形象是改变行为的关键。另外，要在轻松的时间里，用言语和行动来传递对孩子的爱，增强其安全感。

第四，表现能力不足

这种孩子有时候会放弃努力，也不希望别人期望他们做任何事，他们有时是全部放弃，有时是选择性地放弃那些他们认为自己无法成功的事情。对于这样的孩子，家长要减少批评，同时注意不要过于盯着结果，而是要发现孩子的长处，鼓励他只要努力就够了，发现孩子每个微小的进步。家长最需要学习的功课是等候。

“所有不良的行为——甚至是用不适当的小手段获取注意——都是由于沮丧、挫折和气馁，孩子缺少勇气去用生动而具有建设性的态度来面对。”（引自唐·丁克迈耶，《家长自我训练手册》）因此，家长应该理解孩子沮丧、受挫和气馁的状态，明白他们要达到的目标。

值得注意的是，如果我们希望孩子能够改变行为，我们一定要先去改变自己，多花时间来和孩子建立积极的关系，慢下脚步。有时我们越是希望问题可以快速得以解决，问题反倒会越是无法解决。当我们增加了快乐的亲子时光，跟孩子建立了积极的亲子关系之后，孩子对家长的信任就能增加，他们沮丧、受挫和气馁的状态就能得到缓解，他们就能够积蓄能量用积极地表达自己的方式来实现自己的目的，不良行为就能得到改善。

如何让孩子别把哭闹当法宝？

家长提问：

女儿从小到大就特别喜欢哭闹，只要她提出的要求得不到满足，就会通过哭闹的方式来跟我们进行抗争。面对她的哭闹，我经常失去哄她的耐心，有时候就任由她哭个够。看着她伤心的样子，作为家长心里也不舒服，但是如果一味顺从她，又怕她认为哭闹可以解决一切，到底该怎么解决这个问题呢？

尹老师的建议

“哭闹不管用！”这句话肯定很多家长都说过，因为当孩子对着家长哭闹的时候，通常家长会用这样一句话来制止孩子的哭闹。可是，哭闹到底管不管用呢？尽管经常告诉孩子哭闹不管用，但是孩子却还总是哭闹，原因何在？是孩子太固执，还是家长不够坚持原则？有什么办法可以有效解决孩子经常哭闹的问题？

孩子哭闹是让家长最难受和无奈的事情，如果处理得不恰当，家长就会和孩子一样抓狂。老人们可能会选择避免冲突，一哭就“投降”；爸爸妈妈可能会让孩子哭一阵子再“投降”。对于孩子也是一样的，我见过有的孩子哭的频率很高，一会儿因为这件事情哭，一会儿又因为那件事哭，家长不停妥协，孩子反而更加难以得到满足。

其实这是一个行为和结果相互牵制的问题。哭闹这种行为带来的结果是什么呢？让孩子知道哭闹的明确结果，他就能学会选择，选择是否用这种方式来表达需求。因此家长可以从以下三个步骤入手解决这个问题：

第一，教导基本原则，即“哭闹不能得到东西”的原则。

让孩子明白，如果一个东西本身就是不能得到，哭闹并不能帮他得到。如果一个东西本身可以得到，如果无缘无故哭闹了，也一样得不到。

如何让孩子明白这个原则呢？首先，要让孩子知道，这个原则的制订是因为爱。我在家里和幼儿园都执行这条原则。例如，我会和孩子进行如下的交流：

妈妈：哭闹的时候，你觉得开心吗？

宝宝：不开心！

妈妈：你希望自己不开心吗？

宝宝：不希望。

妈妈：妈妈希望你是个开心的宝宝。你哭闹的时候，妈妈可心疼了。那你想想，如果你哭闹的时候，妈妈把东西给你了，妈妈是不是在奖励你哭闹呀？是不是在奖励你不开心呀？你认为妈妈这样做是不是爱你呢？

然后，跟孩子解释规则，告诉他不管有什么需要，都可以跟家长用柔和的语调倾诉。让孩子能够从心里认同这样的原则是为了让他更快乐，特别是有其他小朋友用哭闹的方式在要东西的时候，家长可以让孩子来评论一下这种方式是否正确，应该怎么做。

第二，训练孩子遵守规则。

有些家长会问我，要训练多久？我的答案是：一般家长坚持两次，孩子就可以有明显的改变。孩子们都很聪明，他们是实用主义者，当他们知道了规则，而且知道你会真的执行之后，他们就会尽量按照规则去做，因此，对遵守规则的能力训练很重要。否则，他们就会“钻空子”，这就是为什么我们看到孩子在家里，对不同的人会用不同的“手段”，在爷爷奶奶面前一个样，在妈妈面前一个样，在爸爸那里又是另一种规则。所以，家长一定要从自身做起，带领孩子遵守规则。

第三，坚持原则，严格执行。

孩子是讲原则的人，有时我们会小看他们的原则性。记得女儿还不到四岁时，有一次，她的好朋友的妈妈请她去家里玩，女儿非常想去，问我：“妈妈，奇奇妈妈邀请我去她家玩，可以吗？”估计她认为我肯定不会同意，我还没说话，她就一下子大哭起来，过了一会儿，她跑过去跟阿姨说：“阿姨，今天我不去了，换一天再去吧！”阿姨有些诧异，因为她没有听到我说不行，就问她：“为什么？”女儿说：“因为我哭了，阿姨，再见！”她过来拉着我的手说：“妈妈，我们回家吧！我下次再去！”那次的经历，让我知道，有时孩子不讲原则是因为家长不去坚持，才让孩子失去了方向。

帮助孩子养成良好的习惯，让他们学习如何正确表达自己的需要，得到自己想得到的结果。这是一个过程，家庭成员之间要相互配合，才能让孩子停止用眼泪和负面情绪来满足自己需要，快乐地成长！

> 孩子一定要去幼儿园吗？

家长提问：

我的孩子快三岁了，眼看到了上幼儿园的年龄，但是我很犹豫是否要送他去幼儿园，因为孩子在幼儿园基本也是玩，而我身边有的妈妈选择在家里自己带孩子。我很犹豫，孩子是否一定要去幼儿园？

尹老师的建议

玩是孩子的天性，也是他们学习的主要途径。让孩子去幼儿园的目的是帮助孩子全面成长，幼儿园的环境为孩子心理健康发展提供了良好的条件，促进孩子社交认知、情绪管理和自理能力的发展。

孩子在家里和妈妈或其他成人玩，与他们在幼儿园和同龄的孩子一起玩是不一样的。现在大多数孩子是独生子女，他们和同龄孩子玩的机会较少，在与成人交往为主的环境中，孩子获得的是呵护型的互动，很少面对真正的挑战。但是在幼儿园就不同了，与同龄孩子之间的互动，让孩子有机会面对现实的挫折与挑战。现实的情景还可以提升孩子的同理心、情商以及处理问题的能力，比如“别人拿了我的东西怎么办？”“我想玩那个玩具，可是别的小朋友不给我，怎么办？”“有个玩具我特别喜欢，家里没有，我可不可以悄悄地拿回家？”孩子通过亲身的体验来学习先后有序、分享、帮助别人、守信、探索、勇于尝试、探索、接受挑战等，并且学习养成良好的饮食生活习惯、运动习惯，学习与人合作。

此外，幼儿园的很多教育教学活动也可以促进幼儿的大脑发展。

每个教育机构都会有一套完整的保教体系和幼儿一日生活的安排，优秀的教育体系可以促进孩子体能、社交、情感、智力、道德品格的全面发展。此外，优质的幼儿园还会非常重视家园互动，会通过各种各样的形式帮助家长更好地教养孩子。幼儿园是个大家庭，家长通过幼儿园还可以认识很多同龄孩子的家长，也多了一个相互学习的机会，孩子也能够有更多的伙伴，所以，孩子上幼儿园对其身心发展是非常有益处的。

如果家长想选择在家教育，应仔细考虑孩子全面发展的问题，做好规划，特别是社交和情感的发展。建议可以与其他选择在家教育的家庭联合起来，让孩子有一个自己的社交群体，从而为孩子营造一个更丰富的成长和发展空间。

当然，很多家长对送孩子去幼儿园心存顾虑，有很多担心，怕孩子不能适应幼儿园的生活，学不到东西，幼儿园不能照顾好自己的孩子，等等。因此，孩子入园前家长要做好充分的准备，尽可能在孩子入园前对幼儿园进行全面的考察，为孩子找到一所家长放心、孩子开心的幼儿园。

> 你理解自己的孩子吗？

家长提问：

有一天，哥哥和弟弟一起玩，我在和朋友聊天，忽然，弟弟非常生气地跑过来告状："妈妈，哥哥不给我看他的书！"看着他气呼呼的样子，我不知道怎么解决他的难题，因为这种兄弟之间的冲突经常发生在我家。我该怎么办？

尹老师的建议

其实这个问题很简单。对弟弟来说，他需要妈妈知道发生了什么，和妈妈告个状，表达自己的不满。他并不是要妈妈介入来解决他们的冲突，妈妈不需要给他建议，他只是需要妈妈明白发生了什么事情，而他自己有很多的办法来处理这件事情。

有些时候，我们大人将简单的问题复杂化，是因为我们不懂孩子的心，不懂他们内心渴望被理解的需要。就拿开篇这兄弟俩之间的事件为例，妈妈如果是用解决问题的方式回应说："哥哥不给你看他的书，你就去玩别的，为什么非要看他的书呢？去玩那个小汽车吧！"听起来这个建议很不错，而且很具体，但是孩子的反应通常会是“我不想玩那个汽车，我就是想看他的书……”而且可能会哭闹起来。因为他开始哭闹，妈妈为了解决问题就会去找哥哥，强制他把书给弟弟看，这样弟弟高兴了，而哥哥可能又不开心了；或者妈妈认为弟弟无理取闹，会批评他，事情只会变得越来越复杂。

“妈妈，我想看动画片，可以吗？”“妈妈，我想吃糖，可以吗？”“妈妈，我想吃冰激凌，可以吗？”孩子的这种要求，各位家长肯定听到过很多次，一般情况下，大家是怎么回答的呢？在回答孩子的问题之前，家长是否理解自己孩子的真正需要？

对三至六岁的孩子来说，他们需要家长理解的事情往往都是在我们看来非常小的事情，而这些我们眼中的小事，却是他们心里的大事。孩子的想法和我们不同，但他们的感觉和我们一样，所以我们的理解能够给他们做出合宜决定的力量，有时不仅是对错，而是按照当时的情况做出恰当的决定。

为什么理解这么重要？如何才能理解孩子？

理解能够让孩子安静下来，让孩子用安静的心去聆听家长或理解家长提出的建议，也让他们能够做出正确的选择。理解是双赢策略。有时，我们大人会小看了孩子的理性，实际上，如果他们得到尊重和理解，他们自然会非常愿意来配合。因此，想要理解孩子，可以按照下面的步骤来进行：

第一，学会倾听，先去明白孩子的心，并让他们切实感受到我们明白了他们的想法。

与孩子沟通时，我们常犯的错误是：我们听孩子讲话不是为了理解他们的想法，而是为了回应或反击，或者只是实现我们的目的，让孩子按照我们的想法去做。因此，听孩子讲话时，要养成一个习惯，就是可以通过复述的方式来确认自己听到了孩子的想法，这是一种既简单又实用的方法。

第二，站在孩子的角度去看事情。

很多时候，对我们成人来说很小的一件事，对孩子来说却是大事。例如，孩子们排队走路，对三四岁的孩子来说，站到第一位是件大事。如果被别人抢了先，他就会非常沮丧，这时如果你告诉他这是件小事，别在意，没关系，他们可能会因此闹情绪。

第三，认同孩子的感受。

比如，认同他因为失去一枚小小的贴纸的难过，认同他没有排第一时的失落，等等。

第四，理解不是解决问题。

当孩子与我们谈话时，我们常常是以问题解决者或批评者的身份出现，认为他们需要的就是我们的帮助，需要我们的经验和智慧，却忽视了这样做带给他们的消极感受。我们的建议而非理解带给他们更多的是对自己能力的质疑，他们有时会通过和我们的建议对抗来展示他们的力量，这会导致事情最后变成了如何和家长抗争。所以，理解孩子，给他们空间自己做决定，家长只需要分享自己的想法，引导他们有正确的思考，支持他们做出恰当的决定，让他们不断地从成就感中获得自信，从失误中吸取教训，从而慢慢地成熟起来。

总之，当你能够理解孩子的时候，你就有了一把打开孩子心门的钥匙，你会成为他的朋友，他也能够体会到你的关注和爱，他的心愿意和你贴近。所以，当孩子来到你身边时，不要急着去解决问题，或急于提供帮助，而是慢下来，倾听他的想法，理解他的处境。你的理解会给他带来力量，会让他平静下来，去思考，做出正确的决定，变得更加独立。理解是对孩子最好的陪伴。

> 打算生“二孩”，如何安抚老大？

家长提问：

我家老大两岁了，男孩，我们准备计划要“二孩”，可是我比较担心一个问题：有了老二之后，注意力和精力肯定较多放在小婴儿身上，老大肯定会情绪失落。作为家长，我们应该怎样分配精力和对孩子的爱？有时候我甚至觉得有了老二会很对不起老大。

尹老师的建议

老二刚刚出生时，对年龄还小的老大来说，肯定要经历一个调整和适应的过程。对家长来说，也需要学习通过恰当的方法来调试家庭结构变化所带来的各种挑战，形成新秩序、新认同，这也十分考验家长的智慧。在这个过程中，家长的观念和引导起着决定性的作用。

我有一个好朋友，他们都是“双独”家庭，可以生第二个孩子，可是一直纠结于同样的问题，总是和六岁的女儿商量要老二的事情。他们常当着老大的面讨论自己的担心，结果老大就非常明确地告诉他们不能要老二。

显然，在孩子面前讨论自己的担心并不可行。合适的方式是给宝宝提供一个真实的场景。

一次，老大去朋友家，朋友家有两个孩子，姐姐是老大的好朋友，弟弟两岁多。他们一起玩的时候，弟弟虽然有时有些捣乱，但总是无条件支持姐姐，让她有些羡慕。姐姐还跟她说：“有个弟弟可好了，我们可以一起玩，妈妈爸爸爱我们两个，弟弟是我的好朋友，弟弟听我的话，我还教他学说话……当然，有时他也挺烦人的，不过有个弟弟挺好的。”后来，我这个朋友家老大也有了个小妹妹。现在妹妹五岁了，姐妹俩的关系非常亲密，爸爸妈妈对每个孩子的爱都没有减少。

“想想将来有了老二，就觉得对不起老大。”家长的这种顾虑，应该是考虑要“二孩”家庭经常纠结的问题。实际上，之所以有这种纠结，最大的问题还是出在家长的观念上。有些家庭过于关注老大的情绪，总想着老二来了，老大需要被“安抚”，却没有更多时间来形成积极的关系，家长的心神被亏欠老大的心思占据。而有些家庭又过于关注老大要让着老二，总让老大谦让，忽视老大的需要。因此，这两种情况阻碍新的平衡关系的建立，造成两个孩子都希望得到家长更多关注，因而排斥对方，所以就出现“争”的问题，于是大家听到很多关于孩子之间不和睦、争宠等问题。

有效的方法很多，可以从下面三个方面来着手进行：

第一，尽可能采用实景教育的方法。

多数情况下，老大不欢迎弟弟或妹妹都是受外界消极信息的影响，或者家长无意中流露出来的如果有老二，那么花在老大身上的时间会减少，或者不断提醒老大如果有老二他的东西需要和弟弟妹妹分享等原因造成的。因此，要想让老大心态放松，最好的方法就是能够让他身临其境体验多子女家庭的快乐。

第二，注意家里物权的归属问题。

孩子不喜欢分享，基本上是因为觉得分享之后自己就失去了对物品的控制权。因此家长要正确引导孩子，让他明白，分享是为了得到更多的欢乐。慢慢地，孩子共同拥有的感受就会越来越强。尽管偶尔也会争论到底应该归谁所有，但是那只是暂时的，一般他们自己能够很快解决。自己、家和家人的概念就在对物权的归属性的小冲突中内化，使孩子们的关系更加密切。

第三，陪伴有方，注意家庭氛围对孩子们的影响。

在没有老二之前，很多家长都会忧心忡忡地说："一个还带不了呢，怎么带两个？"真实的情况是，老大其实可以做你的小帮手。开始时尽量强调大家在一起，让老大体验大家在一起的快乐。在大家一起玩的时候，不要总是批评和指正老大，而是通过示范让他学会如何和小宝宝玩，多鼓励和表扬他的正确行为。正向强化的效果会比批评更有效。

纷争不可避免，误解也会发生，学习恰当地利用这些挑战，让孩子学习分享和彼此接纳。每一件小事的化解，都能让孩子之间的关系更近一层，不恰当的处理，就会使他们的关系变得疏远。

我们要引导孩子学会如何彼此关爱。在他们一起骑车、玩耍、旅行、读书、看动漫、下围棋、弹琴、唱歌的过程中，他们的友谊将在这点滴的生活细节中建立起来。作为家长，我们要学会成为旁观者，成为守望者，也成为他们效仿的榜样。用爱和接纳对待家人，这样孩子就会学习家长，彼此接纳，成为彼此最好的朋友和伙伴。爱不是一杯水，越分越少；爱是阳光，可以共享。

亲爱的家长，现在你还犹豫生不生“二孩”吗？

> 孩子为什么不听你的话？

家长提问：

我儿子今年三岁了，小小的年纪却表现得很叛逆，不管我们跟他说什么事情，他都很少按照大人的想法来，真的很不听话。到底是我们不懂如何做家长，还是他就是这种不听话的孩子呢？

尹老师的建议

每个家长都希望培养出既听话又有主见的孩子，但在孩子小的时候，让家长头疼的通常不是孩子有没有主见的问题，而是孩子为什么总是不听话。那孩子为什么不听你的话呢？是孩子不懂事、不乖吗？还是另有原因？在这里，我重点谈三个经常被大家忽略的因素及解决的策略。

第一，没听懂你说的话。

小孩子的理解力有限，他们对一个概念的理解会和成人不同。

有这样一个故事。

三岁的儿子想到外面，他问道："爸爸，我可以出去玩吗？""可以，但不可以到街角去，知道了吗？”“知道了！”儿子大声地回应道。孩子想的就是出去玩，其他的事根本就没有想。爸爸继续在屋子里干活儿，偶尔往院子里看看。忽然，他发现儿子没听他的话，跑到街角去玩了。他很生气，立刻把儿子叫了进来，大声地训斥道：“爸爸告诉你不可以到街角去玩，你忘记了吗？不能再去街角玩了，那里很危险，记住了吗？否则，上午就不能出去玩了。”儿子答应了，又出去玩了。过了不久，爸爸看到儿子又到了街角。他非常生气，把儿子叫进来，生气地说道：“爸爸不让你到街角玩，你又去了，上午别出去玩了！”

儿子哭了，忽然，他问爸爸：“爸爸，什么是街角呀？”——爸爸顿时愣住了……

各位家长是否也有类似的情况呢？我们让孩子将房间收拾干净，但他们不清楚成人对干净整洁的标准；我们让孩子注意安全，但他们对安全的概念和成人又不一样。所以，当我们要孩子听我们的话，首先要让他们明白我们的要求是什么，标准是什么。故事里的爸爸，他要做的就是让孩子了解他能够玩的区域是哪里。因此，在日常生活中，我们要孩子做事时，要注意跟孩子表述清楚具体的要求，确定孩子明白我们要他们做什么。

第二，仅仅是“我听见了”。

听到指令，按照指令来执行，这是大脑功能一个完整的体现。很多时候，由于大脑功能发展尚未成熟，当家长跟孩子提出要求时，孩子只是听到了，但因为他们正忙于其他的事情。指令并没有达到大脑的执行功能区。在幼儿园，我们曾经试验过，当孩子们开心地玩耍时，老师大声地对孩子们说：“请安静！”这个时候，孩子们会继续开心地玩耍，不会安静下来，因为他们仅仅是听到了，但是不能按照老师说的做。因为指令的执行需要大脑三个功能区一起参与才能实现，即“听到声音——理解声音的意思——执行指令”三个环节。如果改成将手指放到嘴边，说：“嘘！”他们很快就安静下来。这是为什么呢？因为这种做法属于条件反射，不需要大脑将声音转换为意义，再传到大脑的执行区去执行这个指令。

所以，当我们希望孩子听我们的话时，首先要让他们安静下来，将注意力转移过来。必要的话，请他们重复我们的要求，从而让信息能够顺利地传达到大脑的执行区，这样他们就能够按照要求做事。很多时候不是他们不听话，是他们大脑的功能尚待成熟。因此，作为家长，需要给孩子充分的时间来处理接收的信息，然后按照要求来做事。

第三，缺乏明确的家规。

孩子年幼，自主能力、是非感和分辨力都有限，需要家长的帮助才能形成正确的价值观，养成良好的品格和习惯。国有国法，家有家规，明确的家规将会为孩子的行为设定界限。比如，我们家的家规里有一条是“重要的事情先做”，因此，当几件事情同时出现需要处理的时候，我们就会按照这条家规来执行。当然，值得注意的是，习惯和品格的培养需要时间，按家规而行，也需要花时间才能形成习惯。

作为家长，孩子小的时候，我们要求孩子按照我们的话去做，是为了他们将来能够成长得更优秀。因此，理解他们，是我们能够帮助他们的前提。随着孩子年龄的增长、能力的提升，我们就能够慢慢地放手，少一些批评、指责，多一些充满智慧的帮助。实际上，我们的最终目标不是让孩子全部听我们的，而是让他们有正确的人生观和价值观，在面临选择的时候，能够做出正确的选择。

如何让你的孩子更有主见？

家长提问：

男孩，四岁半，面临选择时总是喜欢问家长的意见。比如，问他想念哪本书，他就说："妈妈您想让我选哪本？"家长也一直在鼓励他自己选，可他就是喜欢问家长的意见。偶尔他也会说出自己的意见，这时家长都会听从他的意见。他这是选择障碍还是没主见？今后应该怎么引导？

尹老师的建议

培养孩子的自主能力靠的是生活中的点点滴滴，方法很多，但每个方法都要在实践中不断地操练，包括自己选择穿哪件衣服，买哪种鞋子，吃哪种口味的冰激凌，是妈妈抱下楼还是自己走下楼，等等。就是这些细小的事，让孩子慢慢学习分辨、判断、分析、比较，学会思考，最终成为一个有主见的人。

第一，引导孩子学会分析和思考。

不会思考的孩子没有办法有主见，没有辨别力的孩子也没有办法做出明智的判断，因此教导是必不可少的一个过程。比如，在让孩子自主选择图书之前，需要让孩子知道书的分类，多带孩子到书店或者商场里卖书的区域和孩子一起看书。

第二，放手的艺术和勇气。

当我们希望孩子有主见的时候，我们就要冒险——丢面子的冒险。我常常会开玩笑地指着自己的脸对家长说：“我们的脸不重要，我们孩子的未来更重要。不要为了我们的面子，丢了孩子的未来。”让孩子选择穿衣服，色彩可能会搭配得不恰当，也可能不适季。但是，家长要学会闭上嘴巴，有时甚至是眼睛。

比如，有一次一位家长听了我关于“如何培养有自我管理能力的孩子”的讲座之后，觉得可以让孩子自己选冰激凌，结果孩子非要选择老北京冰棍。这位家长觉得那个不适合小孩子吃，就建议孩子选择奶油雪糕，结果孩子就是不肯。母女俩吵了很久，最后孩子还是听了妈妈的建议。这种情况肯定不少见，我们表面上是征求孩子的意见，实际上如果孩子和我们的想法一样，我们就同意；如果孩子的想法和我们不一样，我们就努力想办法让孩子按照我们的想法来。所以，放手一定要有放手的勇气，要允许孩子犯错误。

在孩子做选择的时候，我们总有话说，总有很多可供参考的“合理化”建议。孩子小，他们做决定的能力有限，判断力也很有限，需要我们的引导和帮助，我们肯定不能不负责任地让他们去独立处理超过自己能力的事情，但帮助的时候，需要注意方法和技巧，放手有放手的艺术。在这里，我建议家长可以从小事开始放手，从孩子有能力处理的事情开始，和孩子一起总结经验和教训。如果孩子犯了错误，家长更要鼓励，失败能让孩子朝成功更近一步。

第三，直面建立信任的挑战。

有一件我和女儿小时候的事情一直在我的脑海中。

在我的日记本里，有女儿十个月大的时候画的“画”。她画的是一个“花生人”——因为她画得人像个花生，所以，我就亲切地管她画下的主人公叫“花生人”。我鼓励她按照自己的想法画，她画的时候基本都是自己想用什么颜色就用什么颜色，想画什么就画什么，我们会一起讨论她画的“故事”。有一天，两岁的女儿又在涂鸦，她拿着彩色笔，突然乱涂乱画起来。我很生气，开始大声斥责，说她太浪费了，不好好画，还威胁她说如果再这样，我就不会给她买漂亮的笔了。接着，我又批评她色彩选择得不合适。女儿恐惧地看着我，我突然意识到自己的方式不恰当，但是女儿显然已经紧张得不得了。从那以后很长一段时间内，她每次画画的时候，都会问我一句：“妈妈，是这样画吗？”“你想怎么画都行！”我鼓励着，但她还是看着我，显然她心里想的是：“不是吧？妈妈不会生气吗？”接下来很长一段时间，女儿画画时，看到我都会有些紧张，尽管我告诉她可以按照自己的想法画，她还是会问我该用什么颜色、画得对不对，等等。

我知道我当时的气势一定让她害怕了，所以她不再相信我让她自主选择、让她按照自己的想法画画是真的。她不想惹妈妈生气、发脾气。我只好努力重建她对我的信任。当然，她乱涂乱画是不对，但我的态度和方法更失当，我完全可以用另外一种方式，既可以让她改正错误，又可以不伤害她的自主性——说“不可以”是一种艺术。说到这里，希望家长也思考一下，自己是否也曾有过这种不当行为？我们常常希望自己可以支持孩子，让他们能够做到自主，但往往家长自己找不到合适的办法。

给大家说一下我和女儿的关系是如何获得重建的。在她五岁多的时候，我们去沈阳，我给她买了个漂亮的本子，建议她做一本旅行日记。她很开心，开始认真地画，然后把画的内容讲给我听，我用文字帮她注解。到了第三天，我们在分享她的旅行日记的时候，我发现日记已经变成童话故事了，名字叫《公主历险记》。开始还不错，接下来就是一页画得乱七八糟的圆圈，一团团的，页面都满了，连续几页都是这样。当时，我觉得有点儿生气，但是因为有了前车之鉴，我尽量用平静的声音问女儿："你能给妈妈讲讲你画的故事吗？这些是什么？"女儿满脸灿烂地对我说："妈妈，这是龙卷风呀！龙卷风把小公主给吹跑了，吹到了很远、很远、很远的地方。"她边说边指着页面一个角落，在那里有一个小黑点，"您看！小公主被吹到了天上……"我当时真的很想用力去拥抱我可爱的女儿，同时，内心无比地自责。如果我当时发了脾气，会怎么样呢？估计我永远没有机会知道女儿画的龙卷风是什么样的了，估计我永远没有可能看到那个被刮上了天的小公主了……

最后，我想告诉家长：听话和有主见并不矛盾，不是"鱼"和"熊掌"的关系，听话代表的是关系，有主见是能力。能力的培养是需要日积月累的，需要从小培养，培养的过程需要家长的耐心和智慧。

> 有什么办法让孩子不再害羞?

家长提问:

男孩，四岁，非常害羞。没有外人的时候，他可以很轻松地跟家长聊天玩耍。一旦有人关注他，或者跟他开玩笑，他马上就躲起来。老师上课提问的时候，他也老是低着头，生怕老师会叫他。请问，有什么办法，让孩子不再害羞呢?

尹老师的建议

每个孩子都有他们与生俱来的特质，尽管我们都希望我们的孩子外向、乐观、善于交往、进退有度。但要想让他们能够健康快乐地成长，突破自己，我们需要按照他们的天性来培养他们。

第一，接纳、等候和陪伴是最好的方法。

自信是孩子能够突破自我的第一要素，接纳能够带给他内在的力量。

我们先一起看一个自然界的启示：

一只毛毛虫要变成蝴蝶，需要经过从卵、幼虫、蛹到成虫四个阶段，每个阶段对它来说都是必经的过程。当它变成蛹的时候，我们看到它那么艰难地想从蛹里出来，如果这时候我们人为帮它加速的话，它就一定不能变成一只能够展开美丽翅膀飞翔的蝴蝶。

教育就是这样，需要我们耐心地等候。内向型的孩子，情感很细腻，做事谨慎，也更敏感，他们能够察觉到家长和周围人的希望。可是当他们心里没有准备好的时候，这样的希望值会带给他们很大的压力，使他根本没有办法打开自己。

再来看一个生活中的例子：

丁丁妈妈是全职妈妈，平时会带丁丁到很多地方玩，给她读很多的书。妈妈是一个非常开朗、善于交流的人，可丁丁却见了人就躲在妈妈身后，也不主动参与小朋友的活动。妈妈觉得她心里也挺想参加的，有时妈妈急了就会把她从身后抓出来，或者逼她和小朋友一起玩，结果丁丁不仅没有改善现状，反而更退缩了。

于是，焦虑的妈妈就来找我，我告诉她：你一定要放松，你越着急越不行，要从接纳她开始。丁丁非常聪明，可她是一个安静、敏感的孩子，你要求她做的和希望她做的，她现在根本做不到，但是她能够感受到你的焦虑，而焦虑是会“传染”的，她会更紧张，就更没有办法跟小朋友一起玩耍，她会有更强的无力感。如果你放松，她就会放松。有时候孩子虽然没有直接参与到游戏中，只是在专心观察其他小朋友的玩乐，但其实观察别人实际上也是一种参与。

我又给了这位妈妈一些具体的建议，比如和女儿一起观察小朋友，一起看他们怎么玩，然后和她一起轻松地探讨小朋友在玩什么，是怎么玩的，并想象如果她加入的话，她愿意怎么玩；然后鼓励女儿慢慢走近玩耍的小朋友，当然，要不要跟小朋友一起玩，当下还是要由女儿自己决定。接纳、等候和陪伴是最重要的，等候可以让内向型孩子内在的力量慢慢积累、增加，妈妈的陪伴可以带给她更强的安全感。

第二，给孩子适度的“微鼓励”。

这是我造的一个新词，意思就是不着痕迹的鼓励。因为对于内向型孩子，有时表扬会给他们带来压力。对他们来说，表扬并不能激励他们打开自己，他们需要给自己十足的准备，有足够的把握才让自己去做一件事情。安静守候般的“微鼓励”会让孩子更加放松，这样他们才会慢慢开始尝试打开自己。

第三，提供机会，扩大交友的范围。

先找到一个情趣相投的好朋友，在这个孩子的带动下，让自己的孩子慢慢参与到和其他小朋友一起玩的氛围中，慢慢扩大孩子的交友范围。

第四，要学习保护孩子，不要给他贴标签。

随便给孩子贴标签会造成其负面的心理认同。丁丁的妈妈常常会说丁丁太害羞，不善于和小朋友交流，有时甚至会当着孩子的面，直接跟外人评价自己的孩子。有时其他人也会不经意地说：“这个孩子真害羞，太内向了。”这些都会给孩子带来负面的影响。

有这样一个故事：

一枚鹰蛋不知怎么落到了一个鸡窝里，出生后，小鹰就一直和小鸡一起生活，一天天长大，它认为自己就是一只鸡。最后的结果就是一只鹰在地上度过了一只鸡的一生。

对孩子来说，也是一样的。因为一个人在成长过程中，受周围的环境的影响，逐渐会形成一幅自我图像来定义自己。他们会根据这幅图像活出自己的人生。消极的图像，即消极的自我认同会限制孩子的成长，使孩子丧失发挥生命潜力的机会。所以，家长一定要成为孩子强有力的保护，避免他们受到“贴标签”的伤害，形成消极画像。需要注意的是，对孩子这样的伤害，常常是来自爱他们的家长。

第五，幼儿园也是帮助孩子突破的关键资源。

例如，老师可以设计一些每个人都要参与的环节，注意，刚开始的时候不要让内向型的孩子第一个参与，也不要安排他最后一个参与。问题不要太难，每个小朋友回答后，老师都鼓励表扬，轮到这种性格的孩子时，老师加入恰当的“微鼓励”，增强他的信心和参与热情。音乐活动、表演和游戏都是有效的方法。开始时分小组，慢慢地延展到每个人都单独表演。通过这样精心设计又不露痕迹的方式，让他体验到成功的快乐，慢慢地，害羞的心理就会被成功带来的自信所代替，成功的感受对于害羞的孩子非常重要。

值得指出的是，害羞的孩子通常都表现得比较安静，因为他们细腻而敏感，很少会攻击他人。他们的内心很丰富，过多的鼓励反而会给其带来更大的压力，因此，来自家庭的接纳和支持是最为重要的。

> 如何让孩子更自信？

家长提问：

女孩，三岁，缺乏自信，跟好朋友玩时不敢发表自己的意见，只听别的小朋友的意见。我该如何增强她的自信心呢？

尹老师的建议

作为家长，我们常常从成人的角度来看待问题，会从表面上去看待孩子之间的关系和孩子解决问题的方法。特别是现在的独生子女家庭，家长或隔代家长潜意识里总担心自己的孩子吃亏，受人欺负，总希望自己的孩子是强势的一方。其实，他们忽视了这样一条真理：孩子的成长需要经历风雨，种子发芽需要积蓄力量；所有的挫折都是成长路上的祝福，战胜困难和挫折，可以让孩子变得更加坚强。自信心的建立需要时间，更需要磨炼，一个总是在顺境和赞扬声中长大的孩子往往自信根基比较浅。

孩子之间的关系和我们成人之间的关系一样，有时需要一方来妥协，而妥协的一方并非一定没有信心或者是弱者，有时能够退一步的人反而是真正的强者。

对于孩子目前所出现的情况，我给出一些简单的建议。

第一，陪伴。

陪伴首先要理解孩子的想法和感受。大人觉得孩子是在委曲求全，也许孩子自身根本没有这种感受。或者，你会发现，孩子之所以不发表意见，很可能是她自己还没有想好应该怎么来表达，家长这时候可以引导孩子正确表达自己。陪伴的过程是我们给孩子增加内心力量的过程，是和他们一起去经历挫折和困难的过程，是一个探索和思考的过程，也是帮助孩子能够有力量去面对冲突和矛盾并想办法解决冲突和矛盾的过程。

第二，不要轻易给孩子贴标签。

这也是我反复跟家长强调的。如果您的孩子个性柔和，不属于强势的孩子，一旦被贴上了“缺乏自信”“没有主见”的标签之后，孩子会认为自己就是这样的人，这样会给孩子的自我突破带来困难。

第三，增强孩子的自信一定要从家里做起。因为在家里，孩子往往是最放松、最有安全感的。

这就是为什么我们常常听到有些家长说起自己的孩子时，会描述他们在家里多么调皮，出来之后就变乖了，也不爱表达自己的想法了。所以，家长首先要思考一下，是否大人过于强势，从而影响了孩子表达自己想法的动力，认为自己的想法不会被重视和理解。如果有这种情况的话，大人就需要改变，多听听孩子的想法；如果家庭氛围是鼓励孩子表达自己的想法，孩子在家里能够很有主见，大人就需要帮助孩子如何用正确的办法来面对外界环境，增强孩子的社会安全感。

第四，提升孩子的表达能力和与人沟通的能力。

具体的做法较多，例如，可以用角色扮演的方式来模仿平时在外面和小朋友一起玩时的场景，让孩子练习表达自己的想法。妈妈可以做些“小刁难”，然后让孩子想办法处理问题，提高孩子的应变能力和独立思考的能力。

每个孩子的个性不同，作为家长首先应该尊重孩子的天性，要发现孩子的温和个性所具有的力量。在幼儿园里，有些个性温和、看起来有些弱势的孩子，反而常常是拥有最多朋友的孩子。因此，作为家长我们要增强的是孩子内心的力量，发现孩子的个性特征，这样才能让孩子更加自信和快乐。

> 如何帮助孩子积极面对挑战？

家长提问：

在孩子的成长过程中，困难、挫折和挑战是他们必然要面对的，但是作为家长，其实在我们的潜意识里还是希望孩子经历的挫折和挑战越少越好，但是又怕真的面对困难和挑战的时候，孩子不知道如何面对。作为家长，究竟应该怎么解决这个问题呢？

尹老师的建议

关于这个问题，我想通过列清单的方式来给家长一些建议。通过列举当孩子面对挑战时家长不要做的事情和要做的事情的清单，来分析如何帮助孩子积极面对挑战。

当孩子面对挑战时，我们不要做的事情：

1. 不要替他们面对挑战。
2. 不要把问题轻易挪开。
3. 不要急于解决问题。
4. 不要忽视孩子的感受。

5. 不要轻视孩子的能力。

6. 不要怕，有你的陪伴，孩子一定能解决问题。

7. 不要抱怨孩子不如别人。

…………

当然，关于不要做的事情的清单可以列得更长些，但重要的是我们该如何做。

当孩子面对挑战时，我们要做的事情：

1. 授之以渔。

2. 让孩子学习直面问题。

3. 倾听孩子的感受。

4. 和孩子一起找答案。

5. 扩展孩子的视野。

6. 学会以感恩的心面对孩子所遭遇的挑战。

7. 等候时机。

8. 做支持者。

清单上的每一项都能够让我们更加有智慧地帮助孩子积极地面对挑战，如感恩的心态能够让我们用恰当的方式来和孩子沟通，也能够让我们摒弃使用惩罚的方式来解决问题的想法，可以在孩子走弯路的时候陪伴他们，可以帮助他们在遇到各种挑战的时候能沉稳下来。

孩子的成长，需要家长的帮助，给他们提供恰当的方法，引导他们做出正确的决定，从而培养出乐观向上、坚韧不拔、积极面对困难的优秀品格。实际上，孩子是我们生命中最美好的礼物，当我们学习如何帮助孩子积极面对挑战的同时，也是家长成长的过程，和孩子一起成长，我们也能变得越来越有力量，越来越有智慧。

帮助孩子建立正面积极的自我形象

家长提问：

不知道从什么时候开始，我儿子开始变得“无法无天”了。有时候我很生气，会跟他嚷嚷，有一天儿子突然很得意地跟他的小朋友说：“我妈妈说了，我是‘小霸王’，她根本管不了我。”我真的不知道该怎么办了。

尹老师的建议

我想，通过这位家长的问题，我们应该可以了解到自我形象和自我认同对于孩子行为的影响。家长在教养子女过程当中，一定要重视自己与孩子之间的沟通交流，看到一些行为问题背后更深层次的原因，从而帮助孩子不断突破。一个具有良好的自我形象的孩子在其内心深处会觉得自己是可爱的，他会充满自信，积极主动，勇于挑战，有责任心。而一个自我形象差的孩子总是觉得自己不那么可爱，自卑怯懦，消极被动，逃避责任。良好的自我形象会让一个人受益终生，因此，在孩子小的时候培养出正面积极的自我形象至关重要。

我女儿小的时候，非常调皮。在幼儿园午睡的时候，她会拖着睡垫到处走，偶尔还会发出各种声音；上课时也会有各种小动作。我想了各种方法，虽然有些效果，但是她仿佛总能想出新的花样来，让我费尽心机。另外，尽管看起来女儿是一个行事高效的女孩子，可是一旦做有时间限制、要求在一定时间内完成的事情，她就像变成了另外一个人一样，总是要拖到最后。而我对于时间很敏感，就会催促她，希望她加快速度。而她呢？对我的要求仿佛是听而不闻，依然会按照自己的速度慢慢悠悠地做。

我和女儿很喜欢一起聊天，有一天，我突然意识到，女儿对自己的描述是："我是一个小调皮。""我是一个小捣蛋鬼。"她对自己是"小调皮""小捣蛋鬼"似乎感到非常自豪——哦，原来她在对号入座！

而她对做事很慢的问题，同样出现在自我认同上。一次，我请我的美国导师给她做个测试。我的导师和她一起编故事，在故事里，她对自己的称呼是"慢女孩"，而这个"慢女孩"做了很多非常让人惊讶的"慢事情"，她的慢让妈妈非常担心，又让大家开怀大笑。

自我形象的建立，也是回答"我是谁"的过程。从上面的故事，大家看到了自我形象对于一个人行为的影响。

有些带着孩子来向我求助的家长，也常常会当着孩子的面就说："我是管不了他了！"当家长评价他的孩子的时候，我会观察孩子的反应。如果这时我能从孩子脸上观察到小小的得意，我就知道，这个孩子关于"我是谁？"的答案就是"我是一个爸爸妈妈管不了的小孩"，那么他所有的事情就是在对号入座，成为家长所说的那个自己。

也许家长觉得自己很无辜，因为他们的本意并不是为自己的孩子贴上这样负面的标签，但是，正是家长不经意间的一句话（当然在之后相当长的一段时间里数十次、数百次地重复着、强化着），让孩子有了一个可以"努力奋斗的目标"，因此，家长应该少用负面的词语评价自己的孩子，尤其当着孩子的面。

家长在帮助孩子建立正面积极的自我形象的过程中，可以采取如下措施与方法：

第一，无条件地接纳孩子。

要在日常生活中不断地告诉孩子你爱他，而且这种爱不是因为他表现得多好或成绩多优秀，而是因为他是你的孩子。被家长接纳的孩子通常可以积极面对自己的一切，哪怕是失败的时候，哪怕是犯错的时候。家长对孩子无条件的接纳会给孩子带来无穷的力量去面对一切的挑战。被接纳是孩子形成良好的自我形象的基础。

第二，学会欣赏和肯定孩子。

传统的家长基本上不太会欣赏孩子，我们更像严苛的裁判，挑剔着孩子的每一个细小的问题。孩子的每一次努力，每一个良好的行为，都需要从家长的眼中和口中得到认可，家长的每一个肯定都是孩子踏上更高一层台阶的动力。

第三，让孩子做一些力所能及的事。

家长通过创造一些让孩子表现自我的机会，比如让孩子通过自己的努力去完成任务，会使得孩子有机会体验成功，体验成功所带来的满足、喜悦和价值感。根据孩子的年龄段和自身发展的水平来设定相关的活动和事情，避免挫伤孩子的自尊心。

第四，和孩子保持良好的沟通。

随时了解孩子的真实感受和内心想法,有效地减少孩子的受挫情绪。

总之，家长要把帮助孩子建立正面积极的自我形象放到一个重要的位置，随时注意自己的言行，创造一个和谐的家庭氛围。

夫妻对孩子的管教如何一致？

家长提问：

我儿子才五岁，但我看出他很会察言观色。他不好好吃饭，我批评了他，他就跑到爸爸那里告状，爸爸就维护孩子。我感觉这样下去孩子会很难管，该怎么办？

尹老师的建议

孩子的问题常常是家庭系统问题的表现，因此，家长在管教孩子时不能达成一致意见，孩子就会利用这种不一致来“巧设计谋”，从而达到自己的目的，比如到袒护自己的一方寻求支援。

如果家长在管教时不能保持一致，不仅仅孩子会越来越难管，久而久之，夫妻的关系也会受到影响。关于这个问题，我可以给出两个建议。

首先，在管教孩子上的一个重要原则就是所有家庭成员都要保持基本一致。

为了能够达成一致，家庭会议是必要的，大家就关于管教孩子的问题形成几条主要的家规及具体的实施方法。

例如，孩子不好好吃饭，大家可以约定不吃完碗里的饭菜（要注意饭菜适量）就不可以吃冰激凌或者零食。孩子也许最初会采取哭闹或者央求某个一直宠着他的家长等方法，但只要大家坚持原则，很快孩子在吃饭的事情上就会取得进步。

有时候一家人之间关于某个问题可能很难达成一致建议，这种情况之下可以借助第三方的支持，比如幼儿园的老师。我曾多次引导家长通过家庭会议的方式达成在孩子教养方面的一致意见，从而改善孩子的行为，养成良好的习惯和品格。

其次，在管教孩子的过程中，不管出现什么样的新问题，家长尽量通过沟通来解决，避免当着孩子的面争吵。

教育的本质是家长的修行，家长在教养子女的过程中伴随孩子一同成长。因此，家长的言行和在孩子面前如何处理分歧是非常重要的，因此，尽量不要在孩子的面前争吵，就算是其中一方在管教孩子的过程中有些不当，另一方也不要当着孩子的面去纠正，而是耐心等候时机，避开孩子去和另一方探讨如何能更有效地管教孩子。如果家长在孩子面前争吵，不仅会影响夫妻关系，最直接的影响就是孩子会无所适从，不知道应该听谁的，同样也会影响孩子的安全感和自信心的建立。

给孩子最好的礼物就是一个充满爱和温馨的家，任何成功都不能弥补婚姻家庭的失败。夫妻之间要学习如何沟通，如何提升婚姻的品质，提升自己的教养理念，理顺家庭关系中的秩序，让孩子在健康的家庭关系中快乐地成长。

> 如何与孩子谈生死？

家长提问：

我的孩子今年五岁，最近他经常会问这样一些问题："妈妈，我会不会死啊？妈妈，你会不会死啊？人为什么会死掉？人死掉了是不是就没有了？如果我死掉了怎么办？妈妈，我可不想死……"家里的老人听到以后觉得很忌讳，会粗暴地制止孩子的提问，但是我觉得应该跟孩子讲一些这方面的知识，但是怎么来跟孩子谈这个话题呢？

尹老师的建议

当孩子问妈妈自己是怎么生出来的时候，他是非常好奇的，是充满了幻想的。当孩子问："我是从哪里来的？"家长通常不知道如何跟孩子解释生育的概念，就会给出各种"理由"，而死亡又是一个令人忌讳的话题，所以，当孩子问："我会死吗？"家长往往粗暴地打断。其实，与孩子一起探究讨论生死，正是和他一起探究生命意义的好机会。

当孩子问"我会不会死？爸爸妈妈会不会死？"的时候，我们应该非常平静地回答："会的，每个人都会死的。但是……"如何把"但是"之后的内容说好，才是至关重要的事情。

关于这个话题，我在这里给家长提供一些建议。

第一，图说生死。

让孩子了解，生死是一个过程，生是起点，死是终点。在生死之间的这段日子，我们能做什么呢？我们可以给孩子画一个时间轴，先和孩子一起计算，假如我们能活一百岁，一共是多少天、多少小时、多少分钟、多少秒，然后在这个时间轴上，与孩子一起标出婴儿、幼儿、小学、中学、大学的时间点，与孩子一起勾画每个阶段的生活学习的场景，让孩子用图画的方式勾画自己的人生旅程。在每个阶段，家长还可以把自己的生活经历与孩子分享，让他们感受到不同时代人们生活的变化。

第二，利用故事中主人公的生与死跟孩子谈论这个话题。

我在这里给大家推荐的故事是《海的女儿》，在家长给孩子讲这个故事的时候可以引导孩子思考，当海的女儿变成了泡沫的时候，意味着什么？她的生命结束了吗？让孩子思考一下，如果他是主人公，他会做出怎么样的选择？还有儿童插画版的《昆虫记》也展现了生命的延续，以及昆虫妈妈对宝宝的爱与付出。

第三，亲身经历。

家长可以告诉孩子，其实不光人有生死，周围的各种植物、小动物也都有生有死。当家长带着孩子漫步在大自然中，生命的美丽就展现在周围。家长可以和孩子研究一朵小花，观察一株小草，谈论一棵大树，让他看到即使微小如斯，每个生命都有其存在的意义和价值，一朵小花一生只有几天甚至更短的时间，却尽了最大的努力，留下最美的瞬间；

给孩子讲一讲蝉的一生，等等。

在这里我给大家推荐《活了100万次的猫》这本书，家长可以尝试跟孩子探讨这只活了100万次的猫，为什么最后再也没有活过来。

从身边一点一滴的事情去引导孩子，由此去体会、去思考，他们就会逐渐认识到生死的含义、生命的意义。不知不觉中，在孩子的心里，爱的种子就会生根发芽。

不要试图将这个问题一下子就给孩子讲清楚，人生就是一个不断探索、突破、升华的过程。有一个理念至关重要，那就是一定让自己的孩子知道生命的意义不是名和利，不是输与赢，而是爱与祝福。对待孩子的每个问题，作为家长，我们不能仅仅从科学的角度去谈，而是一定要考虑这个问题对孩子价值观以及品格习惯的养成有什么意义。

另外，关于这个问题，家长更应该强调的重点是如何活、活出怎样的人生的问题。家长需要帮助孩子树立一个积极的人生态度，去欣赏他的努力，在他想要放弃的时候，支持他。智慧型的家长一定要能够利用这个话题，帮助孩子成为一个热爱生活、不怕困难、面对困难不轻言放弃、珍爱生命、珍惜时间、勇于冒险的孩子。

> 避免爱的伤害

家长提问：

我家孩子今年四岁了，有时候经常犯各种错误。孩子爸爸每次教育孩子的时候总是跟他说："因为大人爱你才会管教你！""爱你才批评你！""爱你才会惩罚你！"有一次孩子竟然大声跟爸爸说："那你别爱我了！"孩子怎么会这样说呢？

尹老师的建议

家长恰当的言语和态度，能够让孩子感受到爱与接纳，从而敞开心扉，愿意合作；反之，不智慧的言语和态度，尽管出于爱，也会深深地伤害孩子的心灵，让他失去信心和勇气，甚至会逆反。这就是爱的伤害。

我有一个儿时的伙伴，小时候非常聪明，但是学习不努力，甚至还会逃课，后来没有考上大学。她结婚后，我去看她，她非常后悔当时没有好好学习，她说："小时候不懂事，爸爸妈妈总是说爱我，所以才会盯着我写作业，不让我看电视，不让我玩。于是我很逆反，当时我心里想的就是：等我长大了，看你们还怎么管我？"那时她真的希望家长少爱她一些……

今天，作为家长的你，是在用爱托起孩子，还是用爱捆绑着孩子，让他只想着挣脱！

我曾经帮助过这样一个男孩，他的妈妈告诉我说："他对老师特别反感，不管和那个人玩得多好，只要一听是老师，马上就不跟那个人玩了。"经过一番了解，我找到了问题的原因所在，主要是孩子快要上幼儿园的时候，爷爷奶奶开始给他做心理准备，希望他到幼儿园成为一个乖宝宝。于是吃饭的时候，会和他说："如果你不好好吃饭，老师会说你的。"饭前不洗手，老人会说："你这样做的话，老师一定会生气的。"久而久之，老师在孩子心目中就成了一个非常可怕的形象。

孩子在幼儿园的表现也可想而知了，每天都特别难送，对老师总想避开，也不愿意和小朋友玩。于是，我约他们在一个周六来幼儿园。因为孩子对幼儿园很抗拒，所以家长想了很多办法，才把孩子带到了幼儿园。因为是周末，我也带着我的三个孩子一起来幼儿园，我的女儿对他说:"三楼有很多好玩的，我们一起去玩吧！"然后又对他的家长说:"叔叔阿姨，不用管他，让他自己走进来吧！"说完，我家的三个孩子就高兴地跑进了幼儿园，他的家长听了我女儿的建议，没有强迫孩子走进幼儿园，而是他们自己先跟着我们走了进来。于是，男孩也跟着家长慢慢地走了进来。

进了三层的室内运动场，男孩一直犹豫着是不是开始玩里面的车、滑梯等。我对他说："明明，你知道吗？在这里，老师就是帮助你的人。如果你需要帮助，就告诉我。"我要让他感受到，小朋友需要帮助的话，就找这个叫作"老师"的人。然后，我就站到一边，看着他，和他的家长进行交流。我看得出来，他的紧张情绪得到了缓解。慢慢地，他开始玩了起来，当然我也一直观察孩子，当发现他需要帮助的时候，我会及时给他提供帮助。后来，家长告诉我，孩子对老师和幼儿园的态度发生了很大的变化。

爱要有智慧，智慧的言语需要操练，有效的沟通需要学习，不断的学习和成长可以让我们避免对孩子爱的伤害。

Right

第三部分

PART 3

培养孩子的行为习惯

> 孩子经常动手打人，怎么办？

家长提问：

我儿子两岁，脾气很不好，在外面经常动手打人。我觉得儿子可能是天生脾气不好。我休完产假后，一直都是孩子姥姥带他。但我下班回家后的时间是全部用来陪伴他的，我担心他会一直坏脾气，该怎么办?

尹老师的建议

一个人的个性和脾气固然受到先天遗传因素的影响，但家庭、学校和社会环境对孩子性格脾气的养成影响更大。所谓“脾气不好”与孩子“在外面经常动手打人”是两码事,我们不能把“脾气不好”或“脾气急”当成无礼行为的借口。

两岁的幼儿正处于自我认同发展的关键期，在这个时期，幼儿逐渐减少对家长的依赖，开始建立独立自主的意识，并出现一个大的突破，经典表现就是对一切说“不”。与此同时，这个时期的幼儿理解力、是非观和社交能力有限，不懂得分享，还没有合作的意识，处理矛盾和抗挫折能力还很低，需要成人的引导和帮助。因此，对待会动手打人的孩子，有几点建议可供家长参考。

第一，发现孩子动手打人这一行为背后的内在心理过程或者动机。

孩子会动手的常见原因一般有：

1. 对不合自己心意的“物”或者“人”具有攻击性。

2. 因为饿了、困了、累了、病了等生理因素的影响，情绪烦躁。

3. 语言表达的能力比较弱，自己的意图不能很好地得到理解，想要的东西或结果不能得到满足。

4. 模仿电影或电视中的打斗场景，用打斗的方式解决自己遇到的问题。

5. 与小朋友争抢东西。

6. 大人的误导，比如，在孩子撞到桌子或磕到地上的时候，有的老人会用手打桌子、地面，边打边说：“打你！叫你磕我们！”这也能诱发孩子攻击性的性格。因此，仔细观察和分析孩子的行为，找到原因，问题就解决了一半。然后，有针对性地进行引导。所谓引导，就是在日常生活中帮助孩子用合宜恰当的方式发泄情绪。在孩子情绪失控时，立即介入并处理，可能的话首先单独带他到一个安静的地方，蹲下来，拉着他的双手，让他看着你的眼睛，然后尝试以下几个步骤。

第二，认同孩子感受的同时，引导孩子说出自己的感受。

这是关键的一步，只有当孩子知道家长能真正体会到他的感受，并且有机会表达自己的感受时，你们之间的沟通关系才能真正建立。比如：“你刚才打宝宝，是不是因为你的玩具被宝宝拿走了？”他点头或摇头。“你很着急，是吗？”孩子得到这样的认同，几乎都会点头或做出肯定的回应。

第三，让他认识到自己的错误。

“京京拿了你的玩具，你很着急，但动手打人是不对的。”“你动手打了京京，京京哭了，他是不是很疼呀？”明确告诉孩子，打人的行为是错误的，即使是别的小朋友做错了，打人也不是解决问题的方法。

第四，引导并帮助孩子找到合适的解决方案。

对于脾气急的孩子，这一步尤其重要。在经过前面两个步骤之后，你可以问他：“你觉得我们应该怎么做呢？”或“想想有没有其他的方法呢？”然后引导孩子找到解决办法，比如说：“我们可不可以这样做……”提出建议或想法，并且用角色扮演的方式来强化正确的方法；同时，让孩子为自己的不礼貌行为道歉，这可以让孩子认识到自己做错了事情要承担后果，但一定注意不要强迫孩子去道歉，如果孩子不想去，家长可以说：“我陪你去和京京道歉……”

另外，非常值得注意的是，家长要帮助孩子形成正面积极的自我形象，避免为宝宝贴上“爱打人”的标签。

通常孩子的是非观很弱，如果他的自我认同是“我是一个爱打人的孩子”，那么他就会通过行为来表明自己是这样的一个孩子。所以，正面积极的自我形象强化对孩子非常重要。曾经一个妈妈请我帮忙处理家里四岁的哥哥总是打两岁的妹妹的问题，当她带着哥哥来找我的时候，她当着孩子的面直接跟我说：“他总是打妹妹，从小就打妹妹……”我请老师将哥哥带出去玩，然后问孩子的妈妈是不是经常这样当着别人的面评价哥哥，她给了我肯定的回答。我告诉她，实际上她的行为是对哥哥错误行为的强化。然后我问她，在家里是不是有时哥哥也会帮助妹妹，我得到了肯定的答复之后，就告诉她，以后当哥哥帮助妹妹的时候，请赞扬他，并具体地说出哥哥做的哪些事情是值得表扬的。如果是哥哥打妹妹的话，平静地处理完两个人之间的争吵之后，一定不要再说“你总是打妹妹”的话，而且，今后与别人谈论时只讲哥哥是如何帮助妹妹的，帮助哥哥改变“哥哥总是打妹妹”这一自我形象，逐渐形成“哥哥爱妹妹，能够帮助妹妹”“哥哥妹妹友好相处”的观念。当妈妈开始关注两个孩子的积极互动时，孩子也开始改变，两个孩子之间积极的互动关系开始逐渐形成。

孩子打人的行为在很大程度上也受到周围环境的影响，因此“隔代家长”或者其他监护人，也应该学习科学的育儿知识和正确的教养方法，在孩子的教养方面采用一致的家庭教育理念。多陪孩子读一些优秀的儿童书籍，少接触具有暴力倾向的影像视频，给孩子营造一个轻松温馨的家庭氛围。

孩子之间起冲突，家长该如何介入？

家长提问：

有一次，五岁的奇奇和四岁的涵涵在长椅上模拟开火车，奇奇是司机，涵涵是乘客。正玩得开心，四岁半的牛牛跑过来，非要拉奇奇下来，自己当火车司机。眼看着孩子们就要争执起来，作为家长我们有些束手无策……牛牛妈妈一直认为，孩子的事就应该让孩子自己处理，家长不要干涉。而我们这些家长对此没办法，因为牛牛常常表现得没有礼貌，有时还打人，慢慢地其他孩子就开始躲着牛牛，不和牛牛玩。面对孩子之间的冲突，作为家长，应该让孩子们自己处理，还是应该出面帮孩子们化解纠纷？牛牛妈妈这种做法对吗？

尹老师的建议

作为家长，我们教养孩子的目标是让他们未来能够拥有自己处理生活中的挫折和矛盾的能力，因此实际生活中的“操练”的确对他们非常重要，但是缺少必要的教导也是不行的。

对牛牛妈妈来说，不干涉的做法只能定义为不负责。我们看到，牛牛很想和小朋友一起玩，但他没有找到加入游戏的恰当方法。所以，这时候，牛牛妈妈应该做的是：

第一，立刻用平和的语气和态度制止牛牛。

“牛牛，你想和小朋友玩开火车的游戏，是吗？”如果牛牛还想拉奇奇，妈妈就应该拉住牛牛的手，同时跟奇奇道歉：“对不起，奇奇，牛牛他这样做是因为他也想加入你们的游戏。”因为事态还没有恶化，所以妈妈的及时介入可以让小朋友较快地接纳牛牛。

第二，注重家庭环境中的教育。

和孩子一起回忆某个有代表性的场景，用角色扮演的方式来帮助牛牛学会如何用合宜的方式加入到小朋友的游戏当中。

第三，要设立“提醒”机制。

“妈妈知道，有时候你可能会忘记妈妈跟你说的不能打人，要求你每次都做到也不容易，所以你做不到或忘了的时候，妈妈会提醒你。”然后，可以设定一个提醒的暗号，只有你和孩子知道，这样孩子就不会有太大的压力，同时还可以像玩游戏一样达到培养孩子良好行为的目的。

第四，跟孩子一起体验成功的快乐。

妈妈带牛牛到外面玩之前，可以像做游戏一样边走边设想一下可能会遇到哪个小朋友，他们可能在干什么，然后假装牛牛要加入，该怎么做，等等。这样牛牛遇到小朋友时就会更理性，成功的体验会让牛牛更有信心，也更愿意用正确的方式来和小朋友一起玩，同时别的小朋友也更欢迎牛牛的加入，这样就可以形成一个良性的循环。

因为牛牛已经四岁半了，理解力、判断力和语言表达能力都达到了一定的水平，所以，恰当的介入将会让牛牛很快学会以新的方式去跟小朋友互动，从而在行为上获得改善，小朋友们的接纳也会让牛牛体会到成长的快乐。

如果牛牛妈妈不管，那另外两位家长该怎么办呢？这个问题，可能是让家长更加无所适从的问题，因为，我们家长常常有一个错误的认识，那就是我只有权利管我自己的孩子，无权管别人的孩子。实际上，正确的引导和柔和的态度，一定不会引起纠纷。

当然，一定不要斥责别人的孩子。这样的干预对自己的孩子也是一种反面的教育，让孩子了解正确的规则和与人交往的方法，为在场的每个孩子都提供一个与小朋友交往的正确方法，同时也可避免孩子们之间彼此排斥。

“牛牛，你好！你想加入游戏是吗？奇奇刚当上司机，你先当乘客吧？一会儿就轮到你当司机了。你这样拉奇奇是不对的。”这样的介入不仅帮助牛牛学习等待，也让奇奇学会分享。

但值得注意的是:介入一定要有目的性和指导性，不是简单的制止。

> 孩子玩游戏输了就哭怎么办？

家长提问：

我女儿三岁多，最近每次和小伙伴或家人玩游戏的时候，只要输了就会大哭大闹。我们也不知道该如何安慰她，有什么好办法吗？

尹老师的建议

类似的场景相信家长们都遇到过，孩子玩游戏时总是想要赢，一旦输了就会哭闹。因为赢往往能令人兴奋，带给人美好的体验，而输了就会感受到失望、沮丧等负面情绪。在孩子还没有发展出足够的情绪管理能力时，会用哭闹的方式来宣泄自己的负面情绪。如果处理不当，大人的安慰有时不仅不能使他们安静下来，反而会加重他们的负面情绪。因此，提高孩子的情商，提升处理负面情绪的能力，是伴随孩子成长的过程中家长和老师要做好的功课。

家长可以通过下面几种方法来帮助孩子：

第一，启发孩子的同理心。

在和孩子玩游戏时，家长可以在孩子赢的时候，故意不开心地暂时停下说："我不想玩了，我也不想总是输。"然后问他，赢的时候会有什么样的感受。家长可以跟孩子一起分享这种兴奋、高兴、开心，以及想让别人祝贺他、夸奖他的心情。然后再跟孩子一起分享输的时候的感受：生气、难过、失望，想哭、不想玩了。然后家长告诉孩子，每个人在输的时候，都会有这样的感受。通过这种沟通，引导孩子去体会他人的感受，从而提升孩子的情绪管理能力。

第二，培养孩子的逆商（逆境商数），增强孩子抗挫折的能力。

有一个小游戏可以训练孩子的抗挫折能力。准备一个小桶和五个皮球或网球，如果家里没有合适的球，也可以自己动手和孩子一起用报纸团成一个个纸球。开始的时候把小桶放在比较近的距离，让孩子投球，比如一块地砖的距离，因为距离比较近基本上能百发百中；渐渐地把小桶放得更远一点儿，比如把小桶放到五块地砖的位置，命中率可能就不足一半了。在这个过程中观察孩子的反应，当他表现出不耐烦或想放弃时，停下来，问问他的感受，认真听他的分享，最后问他："为什么有时候进得球多，有时候进得少呢？"听他的分析，然后问他："距离一块地砖的时候，你是不是很努力？"他说："很努力！"再问他："距离五块地砖的时候，你是不是还是一样的努力？"他说："是呀！"最后，可以启发他："你能控制的是你的努力，而结果却不是你能控制的。为你能控制的努力和不断提高的投球技巧鼓掌加油，而不要为你不能控制的事情哭泣。不受你控制的就不要管它，继续努力就好了。"类似的游戏，比如不同距离投掷飞镖、足球射门等都可以与孩子一起玩。最重要的是，在游戏过程中，与孩子的交流必不可少。

第三，家长自己也不要过多地关注孩子的输赢，而应该关注孩子在游戏或比赛的过程中是否尽了最大的努力。

尽量不要表扬说："你赢了，真棒！""你跑了第一，真了不起！"而是表扬他："我看到你一直努力在追赶前面的孩子，我为你感到骄傲。""我看到你在做游戏的时候非常专注认真，很棒！"多关注与品格和习惯有关的因素。

只要我们在日常生活的点滴中都能够熟练运用上面的沟通方法，孩子的情绪管理能力就会不断提高。

第四，历练。

孩子的抗挫折能力需要历练出来，所以让孩子与同龄或大些的孩子一起玩游戏，也是非常重要的一个方法。以我家最小的孩子典典为例，他快六岁了,很喜欢玩扑克牌。一天,他邀请我和他一起玩最简单的"跑得快"，他和我解释了游戏规则之后，我们就开始玩了。他虽然喜欢玩这个游戏，但仍不太会将牌排列好，我当然没打算故意输给他，尽管有时会不经意地指点他一两句，玩了好几次，我都赢了。看着他兴致不减，我就平静地问了一句："典典，你看，你总是输，多没意思呀！"他看了我一眼，信心十足地回答说:"总有一次我会赢的！"我心想:"哈哈！不错！这个最小的宝宝长大了！"我为什么会这样想呢？因为之前他想跟哥哥姐姐玩时，输了也会哭，不开心，耍赖，哥哥姐姐就不愿带他玩了。现在，如果他想跟别人继续玩，就需要较好地管理自己的情绪。所以，前面的训练加上现实生活的历练，孩子的抗挫折能力就会真正提高。

> 如何让孩子不看电视？

家长提问：

男孩，两岁半，特别爱看电视，不喜欢出去活动，怎样才能戒掉孩子爱看电视的习惯？

尹老师的建议

第一，家长要以身作则。

当我们要减少孩子看电视的时间时，家长要先从自身做起。有时，我们要求孩子吃饭要在餐桌旁，可是大人却端着碗到电视前，边看边吃。正确的做法是：吃饭时，将电视机关掉，全家一起专心就餐。所以，让孩子少看电视首先从家长自己的改变开始。

第二，尝试重新布置家里的环境。

环境的变化会触发行为的改变，重新规划家里的布局，重新设计孩子玩耍的空间，把孩子的书和玩具放到孩子容易看到、拿到的地方；收拾孩子的物品时和孩子一起分类整理，将电视机的位置调整到一个相对比较次要的位置。新环境会冲击孩子的秩序感，给习惯的改变创造一个良好的物理环境。

第三，思考一下孩子爱看电视是哪些原因造成的。

根据不同的原因找到恰当的应对办法。比如，孩子爱看电视是因为以前妈妈要做饭或做其他的事情时，为了孩子的安全才把电视机打开，让电视做“临时保姆”，于是孩子慢慢就爱上了看电视。如果是这样，当妈妈要去做事时，提前考虑一下让孩子做一些其他的安全活动，或者想想有没有更有趣的、更吸引孩子的事情。

第四，用新爱好取代坏习惯，培养良好的习惯和爱好。

习惯是可以改变的，所以只要花时间、想办法，孩子的不良习惯一定会得到改善。我们让孩子少看电视的同时，一定要帮助孩子找到更有益、有趣的事情来做，否则一个无聊的孩子会让大人非常头痛，最后只好妥协，让他继续看电视。因此，刚开始的时候，需要选择互动性强、能够吸引孩子注意力的活动，因为看电视时，每个人都是被动参与，不需要动脑筋，而其他的活动通常不是这样，在孩子还不能自主选择有趣的游戏或活动之前，家长要多跟孩子一起互动游戏。

推荐的亲子互动游戏：

室内游戏及活动

读书，玩拼插玩具、积木、拼图，画画、涂色等。这些活动也会提升孩子的创造力、想象力、理解力和专注力。

户外游戏及活动

到小区里的游乐场玩，散步，观察大自然，找昆虫，收集树叶，捡小石子，踢球，年龄再大些还可以玩轮滑，等等。通常不是孩子不喜欢出去玩，关键是玩什么？如果有他特别感兴趣的活动，他一定会积极参与。天气不冷的时候，还可以去给蚂蚁喂食，观察蜘蛛网，下雨时出去踩水，美丽的大自然一定会吸引孩子，而且充足的户外活动还可以保证孩子身体健康发展。

很多家长肯定也考虑过这个问题：家里可以没有电视机吗？

相信对一些家庭，这会是一个挑战。我不反对家里有电视机，可是没有电视机会让你有更多时间享受家人在一起的时光。我们家以前也有电视机，某些电视连续剧或者节目时间一到，其他的活动基本全部停止了，每个人都把注意力放在了电视节目上，这似乎成了习惯。有一天，电视机突然不工作了，我们不得不开始想办法打发时间，开始聊天，玩游戏，慢慢地孩子们也找到了自己感兴趣的事情。我们突然意识到，没有电视的日子真好！于是，电视机就在我们家消失了。偶尔我们会安排 Movie Night(电影之夜)，大家一起用投影在家里看电影大片。没有电视，让我们的家庭生活更加丰富多彩。插一个家庭趣事：我喜欢请妈妈来我家吃饭，因为如果妈妈来我家吃饭的话，吃过饭，我就可以和年迈的妈妈坐在沙发上聊天，让妈妈听外孙、外孙女给她弹琴、唱歌，其乐融融；可是我到妈妈家里吃饭，一吃过饭，就是全家挪到电视机前，坐在那里看电视，整整一个晚上，我估计和妈妈聊天的时间不会超过 10 分钟，偶尔，我会和妈妈开玩笑说：“我好像不是来看您，是来看电视的。”——认真地思考一下，家里可以没有电视机吗？

大量科学研究证明，过多看电视会引起大脑链接的重组和变化，影响孩子专注力的发展，使主动思考能力下降，还容易造成肥胖和暴力倾向等问题。因此，在孩子小的时候，作为家长有责任帮助他养成良好的习惯，培养健康的生活情趣。当家长以身作则，给孩子做榜样的时候，我们就和孩子一同成长——这就是双赢策略。

> 如何让孩子爱上读书？

家长提问：

男孩，两岁。妈妈给他读绘本时，他坚持不到三分钟就去干别的事情了。如何提高孩子的专注力呢？

尹老师的建议

两岁孩子注意力不集中，专注时间短很正常。在这一篇章，我想借这个问题来谈谈如何让小孩子喜欢上读书。同一本书，给不同年龄的孩子读，要用不同的方法才行，例如《丁丁历险记》，我家三个孩子都读，各有各的读法。

如何让孩子爱上读书呢？

第一，创造温馨的氛围。

给孩子读书的时候，要让孩子觉得非常温馨，可以把孩子抱在怀里，或让孩子坐在家长的腿上，或者一起坐在软垫上，让孩子坐在家长两腿中间，用胳膊环抱着孩子，这样孩子一般会比较安静，容易专注。

第二，选择图片比较大的书。

可以是动物、蔬菜等图画书，也可以是有故事情节、适合低龄孩子听的故事书，但是画面一定要能够吸引孩子。

第三，掌握好语速。

给一岁以内的孩子讲故事，每一页最好只讲一个主题，同时内容要有连贯性，两页内容之间的停顿时间不能过长，因为一直有新的刺激，孩子就会一直跟着你，他会觉得这书很有趣。随着孩子对书的好感不断增加，家长翻页的速度可以慢下来，甚至可以按照书上的图画自己编故事讲给孩子听。如果孩子感兴趣，家长还可以讲述得更细致一致，目的就是让孩子接受阅读。

第四，读书时要声情并茂，注意互动。

书的内容再简单，也要“读”得有感情，发音要清晰，一边读，一边带领孩子学习，鼓励孩子重复。随着孩子年龄增长，可以让孩子参与编故事，例如问问他，书里的小动物在干什么呢？找找图画里藏着的东西，如小动物、物品等。

第五，重复的价值。

孩子往往喜欢看同一本书，甚至将书里的内容全都记住了，依然非常喜欢。他们喜欢让家长讲上句，他接下句，或留下最后几个字让他来接；当然，家长也要注意不要简单地重复。读一本以前读过的书时，先要观察孩子的状态，如果孩子状态很好，那就尽可能延长孩子看同一页书的时间，从开始时关注一个信息，到关注两个、三个，直到能够发现画面中越来越多的信息。在一页中阅读的时间越长，说明孩子的专注力在提高。

第六，给孩子布置一个小小读书区。

放些漂亮的立体书或者绘本，这样除了家长陪孩子读书外，还可以诱导孩子自己主动去读书。

通过上面一步步的引导和精心的安排布置，孩子会渐渐爱上读书，他们会学会自己“读”书，看着图画编故事，或将自己知道的故事、儿歌套上去。比如，有一次我听到三岁多的儿子一边看书一边大声地读，诧异之中，发现他正在对着一本关于动物的故事书兴高采烈地“读”着，看到小猫，他就说跟小猫有关的儿歌，看到老鼠就说跟老鼠有关的儿歌，“读”完一本又一本。

给孩子读书不要贪多，特别是开始时，如果孩子不喜欢看书，也可以先从一些漂亮的卡片开始引导。这样渐渐地，书就成了孩子的好朋友，他们的专注力也将随着对读书兴趣的提高慢慢培养起来。

> 如何让孩子涂鸦时不乱画？

家长提问：

女孩，一岁八个月，对画画很感兴趣，我们专门给孩子买了可水洗的彩笔，可是每次她却很难专心地在纸上涂绘，不到五分钟，就开始往墙上、沙发上、床单上画，甚至往嘴巴里放。我打算让孩子暂时不要画画了，等她长大一些再让她画，这样做科学吗？怎样才能引导孩子在固定的地方画画呢？孩子从几岁开始可以让她自己涂鸦学画？

尹老师的建议

每个孩子从一岁半左右到三四岁，都会经历一个涂鸦敏感期，所以孩子看到家长拿笔，自己也非要拿到手里“画画”“写字”，这非常符合这个年龄段孩子的发展特点。作为家长，要做的是帮助他们养成良好的习惯，在让孩子自由涂鸦的同时，培养他们的规则意识，从而既促进孩子身心的健康发展，又避免家里变得一团糟。

涂鸦对孩子的身心健康发展非常重要，当妈妈了解涂鸦对孩子成长的意义，就能够较容易地调整好自己的心态。

涂鸦有利于孩子空间智能、手眼协调能力、大动作和精细动作能力的提升，有助于孩子创造力、想象力、专注力、观察力、感觉统合能力、辨色力的发展，能激发孩子的独立思考能力。涂鸦会给孩子带来成就感，他们觉得自己能够完成一件作品，当孩子展示自己的作品时，自我价值感就得到了提升。此外，因为孩子的年龄小，语言表达能力有限，在不能完整表达自己意图时，涂鸦就会成为辅助孩子表达自己想法和情绪的方式，而且每一幅作品都是一个故事，家长可以巧妙地利用这些涂鸦画，帮助孩子发展语言表达能力，因此家长一定不要因为厌烦一时的“脏乱”，错失促进孩子身心发展的良机。只要方法得当，学习能力极强的孩子很快就能明白规则，家里的沙发、床单也可以不再遭殃。如何帮助孩子进行有意义的涂鸦活动呢？

第一，培养孩子的良好习惯和规则意识。

孩子之所以会到处乱画，是因为年龄小，规则意识弱，只关注自己一时开心，不考虑行为的后果和影响，所以培养孩子的良好习惯和规则意识十分重要。那么，如何培养孩子涂鸦的习惯呢？

1. 明确告诉孩子涂鸦的规则。

通过解释或示范等方式确定孩子明白具体的要求，比如涂鸦时可以画在什么地方，哪些地方不能画，并规定不遵守规则的“惩罚”办法。请注意，不同的训练阶段和不同年龄段，后果可以不同（因为随着孩子年龄的增长，能力会改变）。

2. 训练。

不到两岁的孩子专注时间较短，专心涂鸦时间也不会太长，所以在孩子没有养成良好习惯之前，当孩子进行涂鸦活动时，家长最好陪在孩子身边，及时提醒和指导孩子按照规定来涂鸦，涂鸦时间控制在 15 分钟以内。涂鸦结束后，家长可以对孩子涂鸦的情况进行简单的积极评价，比如："刚才妈妈看到宝宝选了漂亮的红色和黄色，宝宝刚要往墙上画，妈妈一提示，宝宝就停止了。真棒！"当孩子能够清楚了解规则和要求后，家长提醒的次数就可以减少了。

3. 纠正。

孩子三岁前的自我控制能力比较弱，这是他们身心发展的特点，所以适当的奖惩办法对于孩子更好地建立行为习惯非常重要。具体的奖惩办法，家长可以根据孩子的特点加以设定。由于孩子很喜欢涂鸦，这样的奖惩办法会帮助孩子懂得为自己的行为负责，养成良好的习惯。

通过前面三个步骤的综合使用，孩子就可以慢慢了解规则，养成在规定的地方涂鸦的习惯，这样家长也就不用发愁家里的墙、沙发和床单了。

第二，为孩子设计涂鸦空间。

涂鸦空间繁简由人，家长可以根据具体情况来设计，下面有几个建议，供家长参考：

提供涂鸦工具：准备一本漂亮的涂鸦本，或一叠涂鸦纸，甚至涂鸦黑板，外加一套彩笔，放到固定的地方，涂鸦时拿出来画。

设计一面涂鸦墙：在家里的一面墙上贴上适合涂鸦的材料，如钢化玻璃、特种壁纸等，这样孩子涂起来更自由，家长还可以和孩子一起涂鸦。

设计美术手工角：在孩子的房间或家里其他房间选一个角落，设计一个美工角，如买一个小书架、一个画板、书架上添置各种彩笔、安全剪刀、各种纸、涂鸦本等，还可以放一些折纸、涂鸦、涂色的书，地面铺上便于清理的地垫，当孩子想涂鸦或做手工时就可以到这个地方来。

合宜的环境，可以加快孩子良好习惯的养成，家长在指导孩子时也更轻松、容易，规则也更容易制订，同时孩子也更容易遵守规则。

第三，利用孩子的涂鸦作品来激励孩子的无限创意。

可以用孩子的涂鸦作品来装饰他们的房间，或者家里的公共空间，这样会增加孩子的成就感和价值感。涂鸦是孩子的工作，是让孩子在快乐中学习和成长的好方法。

第四，欣赏孩子的涂鸦作品。

因为孩子的能力有限，所以妈妈要学会欣赏孩子的涂鸦，要用描述性的语言来夸奖，给孩子描述自己作品的机会。

方法总比问题多，陪孩子成长有挑战，更有欢乐。你会发现原来你可以有那么多的好主意。我非常喜欢和家长一起谈论如何教育孩子的话题，因为每位家长都有一颗充满了爱和受教的心，孩子的成长会将更大的信心和快乐带给家长。当你决定迎接挑战的时候，方法就来了！

> 孩子早上赖床怎么办？

家长提问：

我的儿子三岁了，刚去幼儿园不久。每天早晨，他都赖在床上不想起来，要费很大的力气才能叫起他，每天叫他起床成了一件最让我头疼的事情。我该怎么办呢？

尹老师的建议

我们先来看孩子赖床的几种原因，然后“对症下药”。

第一，晚上睡得晚，早晨还没睡醒。

对于这种情况，家长首先要调整孩子的入睡时间，让孩子得到充足的睡眠，同时让起床变得轻松而有趣。比如，穿衣服的时候，家长和孩子一起合作，一人穿一件，不要在这时候非要强调独立完成，而且家长的帮忙也会让孩子心情愉悦，愿意配合，动作加快。

还可以采取一些奖励措施，如利用计时的办法：定好时间，在规定时间内起床就可以得到一个小小的“惊喜”。比如约定起床时间为五分钟，家长可以提前准备好一块饼干、一个贴画等小礼物，甚至礼物可以是一个大大的拥抱，如果孩子可以在五分钟内起床，那么他就能得到这些奖励。也可以制作一个表格，画上小星星，积攒一定数量的星星之后，孩子就可以换取一个小礼物等。

当然，最根本的办法就是调整好孩子的作息时间，保证充足的睡眠时间，养成按时睡觉、按时起床的良好习惯。这不仅有利于孩子身体的健康发育，同时也可以帮助家长和孩子在一天开始时有一个好的心情。

很多时候，虽然问题出现在孩子身上，但真正的原因是家长的作息时间有问题。比如，家长回家很晚，孩子盼着和家长一起玩一会儿，不肯独自去睡，或因为在一起玩的时间太短，还没玩够而拒绝上床。现代家庭晚上的休闲方式都比较丰富，就算没有应酬，家长往往也会看看电视或者上上网，孩子们可玩的东西也是五花八门，大人不睡而要求孩子先去睡觉往往不会有效果。最好的办法是家长以身作则，按时关掉电视机，停止上网，暂时和孩子的作息时间保持同步。家长调整好自己的时间表，孩子的作息就能得到改善，早睡早起慢慢就能变得顺理成章了。

第二，赖床是孩子对家长的控制行为。

因为早上的时间对每个家庭来说都很紧张，紧张就会带来压力，于是为了让孩子配合，有些家长就采用“贿赂”的方法，为了能够得到孩子的配合，会没有原则地妥协和许诺。于是孩子就利用这个机会，不断讲条件，以达到自己的目的。就这种情况，家长可以改变一下激励策略，提前定好规则，例如尝试使用上面提到的用定时器的方法，孩子的行为通常可以得到明显改善。

除了可以使用前面所谈到的几种方法以外，在起床的时候放一些孩子喜欢的音乐或歌曲，让孩子一边唱一边起床，也是很有效的方法，家长不妨尝试一下。

对于不想去幼儿园的宝宝，家长可以和老师沟通，得到老师的配合。老师的鼓励会让孩子更愿意和家长配合，做到按时起床，按时上学。

上面所提到的方法可以综合使用，根据孩子的特点和赖床的原因来进行组合。总之，作为家长，我们的目标是帮助孩子养成良好的生活习惯。按时起床上学是培养孩子时间观念、学会时间管理的开始。良好的习惯可以帮助孩子克服困难，坚持做正确事情。家长以身作则、成为孩子的榜样对孩子的成长至关重要，教养孩子从自身做起。

如何帮助孩子认真地学琴？

家长提问：

我的女儿刚满四岁，她想学钢琴，我们就给她报了兴趣班。但最近每次去学琴，她总是有各种小动作，不专心。回家练琴也是每弹一遍都要讨价还价。老师说孩子挺聪明，但是不认真，我该如何引导？

尹老师的建议

每个孩子刚开始学琴时往往都不是一帆风顺的，真的是各有各的难处，各有各的故事。我的孩子们都学琴，我根据自己带孩子们的经验和幼儿园的孩子们学琴的趣事，给出下面几条建议：

第一，要保护孩子学琴的兴趣。

孩子喊着要学琴，并不等于对学琴真的有兴趣，往往只是出于对音乐的喜欢。孩子年龄小，坐不住，注意力容易分散，也是学琴的一大挑战。因此，作为家长一定要有耐心，欣赏孩子每一个小的进步，保护孩子学琴的兴趣。

第二，坚持不容易，但不要轻易放弃。

尽管多数孩子都是从四岁开始学琴，但我认为四岁还是有些早，容易出现半途而废的情况。孩子刚满四岁，专注力不够，所以会坐不住，需要老师采取灵活的教学方法，吸引孩子的注意力。批评其不够认真只会挫伤她的积极性，因此多鼓励、多陪伴是非常重要的。另外，如同在孩子不同的年龄段要有不同的教养目标和教养方法一样，在不同时期，为孩子设定的学琴目标也应该不一样，而且要根据孩子的状态进行相应的调整。

值得注意的是，提早开始学习并不意味着就比晚些才开始的孩子学得快、学得好。因此，对于家长的要求有如下两点：一是要避免攀比，二是尽量不要生气、发脾气，这样不仅会伤害亲子关系，而且会导致孩子对学琴失去兴趣，最终家长和孩子都将失去力量和兴趣，从而无法坚持。

如有必要，根据具体的情况，在孩子失去学琴兴趣之前，找个合理的理由暂停一段时间的课，给孩子放放假，这也是让孩子能够坚持的好方法。

第三，帮助孩子养成好习惯，培养孩子的主动性。

学琴、练琴是孩子自己的事情，所以好习惯和主动性非常重要。家长可以巧用生活中的场景和一些故事来帮助孩子明白这些道理。例如，我女儿刚开始学琴时，不想练习指法，觉得没意思，我带她散步时路过一个工地，当时正在打地基，于是就跟她说，练习指法就如同打地基，基础打好了，才能弹得更好。

第四，给孩子成就感，和孩子一起享受美丽的琴声。

晚餐之后，让孩子弹首曲子来听，能够激发她练琴的热情；姥姥、奶奶来家里时，请孩子给老人们弹奏；偶尔用手机录下孩子弹琴的情景，告诉她，妈妈或爸爸出差时可以听；另外，有机会就让孩子参加一些小型的钢琴演奏会，为她准备正式的演出服……这些看起来都是一些小事，但对她却是意义非凡。

学琴是一件苦中有乐的事情，如何让孩子享受其中的乐，又能坚持不怕吃苦，是件不容易的事情。因此，作为家长，我们要做孩子的榜样，用生活中的点滴来教导他们。

如何帮助爱说脏话的孩子？

家长提问：

小亮五岁了，最近时不时地会冒一两句脏话出来。我告诉孩子："说脏话不好，妈妈和老师都不喜欢。"但孩子好像改变不大。后来我分析了原因，是幼儿园的几个小朋友经常说，他自己就学会了。我该如何让孩子改掉说脏话的坏习惯呢？

尹老师的建议

其实这种现象在四至五岁儿童中较常见，因为这个年龄段的孩子爱夸大事实，喜欢讲滑稽、荒谬或可笑的故事，说些"小脏话"，或者使用一些不礼貌的语言，等等，这是这个年龄段孩子语言发展的特点之一。

实际上，这些也是他们的一种新尝试，这些尝试不仅给他们一种新奇感，觉得自己这样好像会更特别，还能够引起周围大人或小朋友的注意，往往不意味着有意伤害别人。所以，了解这一特点可以帮助家长使用更恰当的方式来处理孩子在这个年龄段的特有问题。

通常这个问题在孩子上学之前会自行改善或停止，所以不必过于担心。但是说脏话毕竟是错误的事情，虽不是故意，但很多情况下也会伤害周围的人，所以家长和老师应当及时纠正，但方式和态度非常重要。同时，家长还可以恰当利用这个机会来培养和提高孩子的情商。那该怎么办呢？

第一，制订家规，明确界限，告诉孩子使用语言的原则。

好习惯的培养从家庭开始。孩子首先要知道的就是要用好听的声音、好听的话与家人交流。家人之间要彼此尊重，同时要用同样的态度对待周围的人。所以，要明确告诉孩子，家里的原则是不可以说脏话或讲没有礼貌的话。当然，同时要注意这个年龄段孩子语言发展的特征，理解他们对使用语言的好奇心，不要过于严厉。和孩子约定，当他说脏话或表达不合宜的时候，家长会提醒或暗示他。这样，孩子就能明白自己的这种行为是不好的，是爸爸妈妈反对的行为，应该注意并改正。随着年龄的增长，孩子表达自己感受的随意性会降低，如果从小没有养成好的语言习惯，孩子会不知道该如何使用恰当的方式表达自己，到那时再立规矩、再去校正就会很难。因此，从小训练和培养孩子的言语品格，对孩子一生的素养来说是至关重要的。

第二，情景教育，培养同理心。

当孩子出现了这种行为时，通过情景回述的方式，让孩子换位思考，让他了解这样的语言会伤害别人、自己也会被伤害，让他了解语言的力量。孩子通常都是以自我为中心，很难体会到自己的行为给别人带来的影响，及时抓住这个机会，就可以培养他的同理心，提高情商。

第三，建立积极的自我形象。

积极的自我形象对一个人非常重要，帮助孩子建立自己是一个有爱心、有礼貌的人这样积极的自我形象，能够帮助他自觉做出正确的选择。作为家长，当孩子做出正确选择的时候，一定要给予及时的肯定和称赞。因此，当孩子说脏话的时候，家长在对孩子进行提醒后，千万不要说类似“你就是爱说脏话”“你总是这样，说了也老记不住”这样带有负面引导的话语，这样孩子就会给自己贴上负面的标签，认为自己就是这样的人，给孩子行为的改善带来负面的影响。积极的自我形象通常可以让孩子主动选择做正确的事情。

第四，恰当利用故事和比喻。

教育孩子的时候，通过讲故事和作比喻的方式，通常对这个年龄的孩子非常有效。找一本故事书，让里面有礼貌的主人公成为孩子效仿的榜样，比如，故事里的小刚是个非常有礼貌的孩子，当孩子使用不合宜的语言时，可以笑着叫他“小刚”。孩子都很聪明，他们通常不用家长继续提醒，就会自动改正。

我工作的苹果树幼儿园大班有个非常调皮的男孩子，有一段时间，他总是说脏话，看到别人因此伤心，他还会很高兴，老师帮助他也没有明显改善。老师把他带到我的办公室，请我来帮助他。说教对他根本没用，严厉往往也是治标不治本。我当时问他：“你希望自己有香甜的爱心吗？”他看着我，非常认真地点点头。我告诉他：“你所有说的话都是从心里来的，香甜的爱心要讲香甜的话，不好听的话不是香甜的话，它会污染你的心，也会伤害别人。”然后我和他讲了一句看似深奥的话：“你要保守你的心，这胜于保守一切，因为一生的效果都是由心发出的。”

小家伙似乎很喜欢这句话，我看着他迫切的眼神，感受到他从心里渴望自己有香甜的爱心，但又觉得自己可能做不到。于是我对他说："你做不到的时候，我会请老师提醒你，你就改正，好吗？"

他认真地点头同意。我把老师叫进来，又讲了一遍，请老师帮助提醒他，然后他开心地和老师离开了我的办公室。令我感动的是，这个非常调皮的男孩，接下来非常努力去改变，让自己说好听的话，因为他相信自己有香甜的爱心，也希望自己一直拥有香甜的爱心。

除此之外，家长一定要注意的是孩子善于模仿，大人的言行对他影响非常大，所以家长要以身作则，同时在这个时期注意他读的书和看的影视节目中的语言，减少他模仿的机会，"孟母择邻"就是这样的道理。为孩子提供一个相对清洁的语言环境，帮助他愉快顺利地度过这个特殊时期。

> 如何培养孩子自己玩?

家长提问:

儿子快两岁半了,在家里总是让人陪着玩,玩积木、看书总要妈妈陪在身边,从来不会自己玩,孩子是不是缺乏独立性、太粘人?家长应该怎样引导孩子自己玩呢?

尹老师的建议

孩子黏人与个性有关,也与教养方式有关。现在有不少家庭都有专职的人来照顾孩子,或者是全职的妈妈,退休的爷爷奶奶、外公外婆,当然也可能是保姆阿姨。他们的焦点就是孩子。孩子小的时候,不管做什么事情都有大人的参与,吃饭有人喂,喝水有人给,穿衣睡觉,无论何事都不是他自己独立完成的,就算是玩玩具、做游戏也很少有机会自己一个人完成。有时候,孩子本来自己能够专注玩一会儿,大人也会在旁边指点或评论。慢慢地,孩子形成了习惯,就是不论玩什么,大人都成了必备的条件之一,大人成为他游戏中的一部分。

因此,最好在孩子一岁左右的时候就让他有机会自己玩玩具,大一点儿就让他自己独立吃饭、做些简单的事情,从小养成可以自己玩的习惯。当然，孩子小的时候都喜欢让大人加入自己的游戏，不一定就是孩子缺乏独立性，因此，要注意不要随意给孩子贴标签。家长可以从以下几个方面着手改变孩子不能自己玩的习惯：

第一，要注意节奏，不要强制孩子自己玩，这会在某种程度上让孩子失去安全感。

养成好习惯不是一日完成的，同样改变一个旧有的习惯也不是一日完成的，如果孩子习惯了让家长陪着玩，过去家长都很耐心，现在突然让他自己玩，孩子会不明白为什么家长变了？是不是不爱他了？这种心理上的不安全感，反而会令他更加黏着家长。

第二，让孩子明白为什么要独立玩。

欣赏和鼓励孩子的成长，让孩子体验长大的力量和价值感。“我是谁，我能怎样？”这样的认知对孩子非常重要。例如，孩子认识到“我已经是两岁半的大哥哥了，要去幼儿园了，我能够自己读书，我能自己搭积木了！”——孩子内心发出的“我能做到”的声音，对孩子来说是非常重要的。

“妈妈，我可以自己玩！您可以去工作一会儿！”“妈妈，您去休息一会儿吧，我能自己玩。”这种价值感的体验对孩子来说也是非常重要的。家长要让孩子知道，当他独立玩的时候，家长可以去工作，可以去为孩子做好吃的，甚至可以去休息。这样孩子不仅学会了独立，还看到了自己独立的意义和价值，还能学会关心他人。

值得注意的是，培养孩子独立，不是为了省事或自己方便，而是为了孩子的成长；另外，让孩子独立玩，家长也要有自己的兴趣和爱好，否则，孩子自己玩，妈妈无所事事，就容易去干涉孩子，也不能给孩子带来价值感，更不能成为孩子学习的榜样。

第三，让孩子自己玩什么？

这是家长让孩子独立玩时一定要思考的问题。孩子过去一直都有家长陪着玩，要开始让他独立玩，一定要思考孩子可以玩什么，根据孩子的爱好和能力来确定，如画画、涂色、搭积木、拼拼图、玩乐高等，让孩子在不知不觉中养成独立玩耍的习惯。

第四，如何锻炼孩子自己玩？

先参与、后放手，是培养孩子自己玩的过程中不可忽视的方法。能力是锻炼出来的。在教养孩子的过程中，孩子自己可以完成的事情，尽量由他独立完成，有些时候家长只需在孩子的视线范围内，孩子就可以开开心心、自得其乐地玩起来。

我家典典小的时候，特别喜欢玩拼图，他玩得最多的是一套10板的汽车拼图，每一板有20片左右。刚开始的时候，在他玩拼图的时候需要我们和他一起玩，帮助他把这20片拼图挑出来，分成10堆，并把正面都朝上放好，然后和他一起动手玩。在玩的过程中，我们给他讲解一些基本的方法和技巧，很快就不用我们参与了，他完全可以自己动手操作。在他不到2岁的时候，他可以把这200片左右的汽车拼图顺利地拼出10个汽车，而时间大约在60分钟左右。爸爸和我都非常惊讶，他居然可以专注那么久，坐在那里就干这样一件事。这时，我通常会找本自己想读的书坐在他能看到，而且又很舒服的地方阅读。我们各干各的，他很少打扰我看书，我也很少干涉或参与他玩拼图。有了这样的锻炼，在他不想玩拼图的时候，他也常常会找本书自己看，或者搭搭积木。

在锻炼孩子自己玩的过程中，当孩子需要家长参与的时候，家长要马上进入角色，并及时提供帮助。通过锻炼，孩子有了越来越多可以自己玩的有趣选择，家长就能够越来越自由地做自己想做的事情。

如何引导喜欢打人的孩子？

家长提问：

我家男孩活泼爱动，喜欢跟小朋友互动，交换玩具玩，但是有时候不知道为什么他会突然就在别的小朋友脸上打一巴掌。这让我很头疼，一方面我不知道应该怎样合理教育或者引导自己的孩子，另一方面我要怎么安抚或者向被打的小朋友解释呢？

尹老师的建议

在孩子们互动的过程中，经常会出现类似的事情，如果处理不好，就会出现一些麻烦事。所以，要想处理好这些事情，需要按照下面几个步骤：

第一，区分性质。

搞清楚孩子的不合宜行为属于故意还是不成熟。要想区分清楚，一定要了解不同年龄段孩子的身心发展特征，比如对于四岁以下的孩子，动手有时候是他表达自己兴奋情绪的一种表现，所以家长要注意区分。

第二，正确引导。

如果孩子动手是表达自己兴奋情绪的方式，那么家长要告诉孩子，可以用其他方式表达，比如拍拍小手、蹦蹦跳跳等。如果孩子动手是表达自己的不满情绪，家长可以告诉孩子，他可以先把自己的不开心讲出来，然后跟小朋友或者家长一起找解决办法。

第三，耐心培养孩子良好的行为习惯，同时思考并发现造成孩子不合宜行为的原因，减少或消除外界因素对孩子的影响。

就孩子喜欢动手打人这件事而言，我们可以看到，孩子的不合宜行为多数属于情绪表达不恰当，而非故意打人。当孩子做出打人动作时，家长首先要立即代孩子向被打的孩子道歉，因为不管是什么原因、是否故意，打人都是不对的。同时，孩子小，妈妈先代他道歉，还可以避免事态进一步升级，之后再慢慢教育自己的孩子。

如果被打的小朋友哭了，一定要安慰，并再次道歉，请求原谅。道歉的时候，一定要说明孩子刚才的行为是不对的。可以解释一下，是他觉得大家一起玩得太开心了，才会这样，但不要过分强调，避免孩子以后为自己动手打人找借口。如果可能的话，最好让自己的孩子向被打的孩子道歉，引导他们重新和好，鼓励两个人继续一起玩。

言传身教对于教养孩子十分重要。所以，家长在教育孩子时，一定要注意态度和方法，不要训斥孩子，更不能直接动手打孩子，否则，一切方法就都是无效的了。

在这里，我给家长推荐《小手不是用来打人的》这套书，家长可以和孩子一起读，一起探讨孩子的小手可以干什么。家长也不要轻易用手打孩子，手是用来爱孩子的。实际上，孩子和我们一样不喜欢说教，用读书的方式引导孩子学习正确的行为方式是一个非常有效的方法。

“思想决定行动，行动决定习惯，习惯决定品格，品格决定命运。”好书可以帮助孩子明白对错、做出正确的行为，最终养成良好的品格和习惯。

Right

第四部分

PART 4

拥抱每一位家长

> 如何面对教养子女过程中的困难和挑战？

在教养子女的过程中，作为家长我们仿佛每天都会遇到不同的问题和新的挑战。随着孩子渐渐长大，旧的问题或是得到了解决，或是因孩子长大而自然消失。但新的挑战又不断出现，甚至是老问题还没解决，新矛盾又出现。在这个过程中，孩子的问题似乎越来越超出我们的控制范围。作为家长我们该如何面对呢？

其实解决这个问题的关键就是“放松”。“放松”不仅仅是种心态，也是一种能力。这种心态能够让家长在孩子成长的不同阶段调整自己的角色，遇到问题时拥有放松的能力是家长对孩子最大的支持。在这里我并不是要教给大家一种解决问题的方法，而是通过一些事例，来帮助家长认识到“放松”的重要性，可以在教养子女的过程中不断地反思和提升自己。

“放松”不是“放任”，而是在教养孩子的过程中家长耐心的等候和陪伴，是将力量传递给孩子，是让孩子能够快乐成长的起点。“放松”

是释放自己，也是释放孩子，而焦虑只能使问题变得更加严重。当我们放松下来的时候，我们能够看到一些看似无奈的事情对孩子的成长竟然是必不可少的。而且，放松是需要通过认真思考、操练和不断地努力才能达到的一种境界和拥有的能力。

例如，我们常常抱怨孩子“没记性”，却忽视了“没记性”对孩子成长所带来的好处，以及“没记性”背后孩子的坚持。

记得典典小的时候，他非常想爬到一个凳子上面去，我想他当时一定是觉得爬到那个凳子上，他就能变得很高大！可是毕竟他还小，第一次爬的时候，刚爬到一半，他一下就掉了下来，他马上大哭起来。我安慰了他之后，告诉他爬凳子危险，会摔疼的，不要再爬了，他答应了。可是，过了一会儿，他又去爬凳子了，当然结果是一样的，又摔下来，然后又是哭；接下来的几天，这个“没记性”的孩子还是不断地去挑战那个凳子，摔疼了就哭，不疼的话，掉下来就继续爬……有一天，他终于成功了，开心地站在凳子上大叫，可一不小心又掉下来了——唉，这个“没记性”的孩子！当我无奈地抱着哄他的时候，忽然意识到，如果这个“没记性”的孩子第一次就记住了疼，听了妈妈的话，那他一定就不去尝试了，但是那种兴致勃勃地朝着“目标”前进，摔倒了、摔疼了爬起来继续冲的坚持也同样不会出现了。想到这里，我不禁从心底里开始欣赏孩子的坚持，生气和无奈顿时没有了。实际上，也正是这种坚持让他们掌握了那么多的本领。

在这里，我们不妨反思一下，作为家长，我们是否因着紧张和焦虑，在无意间拿走了孩子成长的机会？是否放过了让挫折带领孩子成长的机会？

作为家长，我们常常不愿意孩子经历这样的挫折，将挫折和困难尽可能地移开。我们小心翼翼地走在他们前面，比如，担心孩子没记性，记不住家庭作业、忘记带课本，所以帮孩子记住老师交代的每一件事情，帮孩子收拾书包。其实，这些都是放过了让孩子独立成长的机会。孩子更需要的是我们的陪伴、耐心的等候和支持。

当家长可以“放松”地去面对孩子的问题时，你会发现，你能够用柔和的声音和孩子说话，能够等候他成长，能够站在他的角度去体会他的挣扎和经历的心路历程，而不仅仅是关注自己，关注你该怎么办、你该做什么。家长可以倾听，可以和孩子一起面对他遇到的问题，去探讨他自己该去怎么解决问题。当家长能够用放松的心态来面对孩子的问题时，孩子会更愿意和你交流他的想法。

放松地面对孩子成长过程中遇到的挫折、困难和挑战，是一种乐观向上的积极心态，是一种信任的流露，是对成长的信心。成为智慧型的家长与孩子共同成长，陪他走过生命中的高峰和低谷，成为他心灵的伙伴，这样才能成为他实现梦想的支持者和同路人。

> 慢养——陪孩子“走弯路”

我曾经看过一篇名为——《“慢养”二十年，四个“坏”小孩上名校》的文章，它讲述的是黑幼龙的三个儿子和一个女儿的故事。这四个孩子曾经成绩一塌糊涂，很难管教，黑氏夫妇当初也是想尽办法，但是孩子们还是表现得不尽如人意。黑氏夫妇最后用“慢半拍”的陪伴，按照孩子的步伐，以孩子为中心，采用因势利导的教养策略成功地帮助孩子们度过了成长的“困难期”。他们的智慧最终激发了孩子内心向上的力量，成就了他们美好的人生。

通常，有个性、有主见的孩子，内心很强大，因此往往都会令家长更加头疼。美国亲子教育专家杜布森博士在《如何管教有个性的小孩》一书中写道：“这些‘不听话’的孩子拥有的创造性潜力和性格力量，通常超过他们温柔乖巧的兄弟姐妹和同龄伙伴。”因此，对于这些不听话、走弯路的孩子，需要家长付出更多的精力，但是他们是值得我们为之付出的。

慢养，就意味着陪伴孩子走弯路，是一种有智慧的教养方式，不是放纵，更不是不教育。更恰当地说，之所以称之为“慢养”，是相对于家长急切的心态。看着孩子做出不明智的选择，我们恨不得他们马上回转的急切心态。慢养不是拖延，是用正确的方法，适时、适度地介入，从而让孩子的内在力量积累到一定时刻，达到突破和升华。我们教养他们的目标就是让他们可以自己决定走在正确的路上不偏离。

黑家的四个孩子让我们看到，即使孩子走了弯路，也仍然有可能成功，而且成功的概率并不低，所以，请家长一定要放松、放松、放松。孩子是自己未来真正的主人，我们的目标就是帮助他们成为有责任感、为自己的未来负责的人。

如何做到用“慢养”的方式陪孩子走弯路呢？

第一，告诉孩子，有权利就有责任。

“你有权利来决定，当然就有责任承担后果。”随着社会的发展，儿童权利被强调得较多，家长也越来越尊重孩子的选择和想法，而孩子往往非常关注自己的权利，却不肯为自己的行为负责。由于过度保护，我们也让孩子形成了对于权利和责任之间关系的错误认识。

允许孩子做出选择，允许孩子对自己的决定负责，就是在培养和发展自律。

激发孩子为自己的行为负责有很多方法，例如，当孩子开始能够走路、会说几个字的时候，你就能够强烈地体会到他们内在的自我需求，他们想要自己做决定、自己说了算的渴望。这个时候就可以用游戏的方式来让孩子体会责任感。我儿子小的时候，喜欢自己跑来跑去，安全意识比较差。有一天，我认真地对他说：“请你照顾好我的儿子。”他一下就愣住了，说道："我就是您的儿子呀。"我说："对，你可以不小心摔了自己，可是你不能摔我的儿子呀！那样我会很心疼的，所以妈妈才会提醒你要注意安全。如果你想自己跑，就要照顾好他。"这样他慢慢地就明白了——注意安全是他的责任，而且他要为后果负责——比如摔跤会很疼。

关于孩子吃饭的问题，也可以用类似的方式来处理。孩子通常很喜欢"负责任"这种感觉，这也是他们自我意识的一种体现。所以如果你让他好好照顾你的孩子，要让你的孩子吃饱了才行，他会很负责地把饭吃完。你会发现，这样的游戏玩一段时间之后，孩子就能够慢慢养成良好的饮食习惯。

值得一提的是，用有趣的方式来帮助孩子成长，让他们慢慢体会和理解权利与责任的关系，随着年龄的增长，他们就能够学会做出正确的决定，为自己的行为负责。

第二，讲究原则，错误就是错误，不要为错误找借口。

虽然在不同的年龄阶段，孩子的行为表现和发展状况会有不同的特征，但是不要为错误的行为找借口，要让孩子明白，错误就是错误，从而让他们能够建立正确的是非观。

每个家庭都有每个家庭的特征和价值观，价值观的传承对于孩子的未来非常重要。家庭的影响和家庭的价值观的力量是不能忽视的，对孩子未来的影响是一种无形的强大力量，因此，陪孩子走弯路是对孩子的接纳和尊重，但是不能因此失去了原则和方向。

第三，帮助孩子为自己的行为设定一个基本标准。

随着孩子年龄的增长，家长可以在潜移默化当中引导孩子去思考“我是谁？”“我要成为什么样的人？”“我做事的原则和基本标准是什么？”诸如此类的问题。同时，让孩子了解你的希望就是让他做自己，而且努力成为更好的自己，不是将你的标准强加给他，但是这个标准可以帮助他成为更棒的自己。

同样，以身作则对孩子的影响非常大，家长坚持怎样的原则，孩子则会坚持怎样的原则。

第四，陪伴的艺术。

1. 闭嘴。“闭上嘴是一种能力”，在教养子女的过程中，有时候我们会以“爱”的名义，在错误的时间开口。虽然这在表面上制止了一个看似尴尬的场面或是一个不好的结果，但同时也失去了教育孩子的机会。唠叨带来的往往是逆反，唠叨也会让孩子变得被动，当你能够闭上嘴巴的时候，你对孩子的认识会更加敏锐，对他们的了解也会更深入。

2. 感恩。以感恩的心来面对孩子所经历的成功与失败，挫折与挑战。孩子走弯路的时候，他们也一定会经历内心的挣扎，这种挣扎带给他们的思考会更加深刻。这样的经历会使他们更加强壮，会让他们越发成熟，能够更加有力量去抵抗外界的诱惑。

3. 放松。放松才能放手，但是放手不是放纵。当孩子走弯路的时候，大多数情况下，他们知道自己做的和家长的希望背道而驰，家长失望、伤心、难过、生气甚至打骂都是他们预料之中的事情。但是如果家长能够“慢”半拍，能放松，反而会有不同的效果，会激发他们去思考，从而创造心灵沟通的机会。

4. 理解。不要一味地批评、指责，而是换个角度去理解，去寻找问题的根源。理解不等于认同他们的具体做法，但是理解可以让孩子敞开心扉。很多时候弯路的旅程虽然刺激，或是满足了他们某些暂时的需要，但他们的内心并不是真的享受，他们很多时候没有力量做正确的事情，或是逃避，或是希望用这种方式得到别人的注意等。理解可以让他们有力量去改变自己。

5. 支持。在黑氏家庭“慢养”的故事里，有这样一个小标题——“慢养二十年，个个成精英”，这慢养的二十年里，家长坚持不懈的支持是他们成功的关键。尽管他们也曾经苦恼过，但是他们放“慢”的脚步是对孩子成长最大的支持。

走弯路是孩子成长的必经之路，因为这些“弯路”中的成长，孩子才有机会经历和体验丰富多彩的人生。但是作为家长，我们都不希望自己的孩子走弯路，哪怕是最乐观、最积极的家长，也不希望孩子走弯路。然而，有陪他们走弯路的勇气才是一个智慧型家长最大的能力。积极地面对这些走弯路的孩子，正如杜博士所说的，“不听话”的孩子通常拥有更强的创造性潜力和性格力量。

> 帮助孩子健康成长的三要素

在这一篇章我要谈的是家长帮助孩子健康成长的三个关键要素：环境、等候和陪伴。希望通过化繁为简的方法，帮助那些在教养子女过程中遇到困难、挫折和挑战的家长朋友找到突破口。通过对关键因素进行适度调整和改善，从而达到帮助孩子身心健康成长的目的；同时，也为每一位希望孩子能够身心健康成长的家长提供一个参考框架，评估一下自己。

很多家教类的文章都会谈到教育子女是家长的修行，教育孩子要有智慧。的确，教育孩子是一项复杂的系统工程，每个孩子都是独一无二的，影响孩子身心发展的因素更是不胜枚举。然而哪些是真正至关重要的要素呢？同时，我们作为家长能够有哪些干预、调整、改善和提升呢？作为一名专业的心理咨询师和教育者，这也是我常常问自己的问题，在不断的实践和探索中，我发现，在所有相关的因素当中，有三个关键的因素几乎与所有的问题都有关，那就是：环境、等候和陪伴。其他的因素都直接或间接受到这三个因素的影响，换言之，我发现这三点是系统中的关键要素。

下面，我会阐述这三大因素的内涵，以及家长如何做才能帮助孩子实现身心健康成长的目标。

作为家长，我们必须承认，我们都是孩子成长的外部资源，我们所有的想法和期待都必须借助于孩子的参与和配合才能实现。我们无法独立完成孩子的成长，如果我们自私地将我们的理想、目标强加在他们身上，将来，我们一定会失望的。我们要做的是帮助他们实现他们的梦想，帮助他们有一个丰富的人生。

这三个要素里有一个名词（环境），两个动词（等候和陪伴），也就是说，一个相对来说是静态的，另外两个是行动导向的，是与行为有关的要素。当然，要优化这三大要素，在每个方面都需要采取行动。

1. 环境。环境塑造人，我们无法去控制和改变孩子的天赋能力，但我们可以去为他们构建更加适合他们成长的环境。“昔孟母，择邻处”，讲述的就是孟子的母亲看到了不良环境对孩子造成的消极影响，毅然搬家的故事。那么，孩子生活的环境是怎样的呢？作为家长，是否认真评估过？这里所谈的环境，是一个广义的环境，环境会影响孩子身心的发展。例如，谁在影响他？照顾他的人是谁？他的老师、伙伴、好朋友是谁？什么在影响他？如何影响他？他现在遇到的挑战是什么？与哪些环境因素有关？如何构建孩子的生活空间，从而帮助孩子培养良好的生活和学习习惯？

软环境和硬环境同等重要。我们都知道，与智者同行你会变得更有智慧。环境创设是一个重要的研究议题，涉及全人教育目标的各个方面。

因此，孩子的身心健康成长与环境密不可分，要谨慎选择和构建孩子的成长环境。孩子的很多问题都与成长环境密切相关，因此，环境也是家长要评估和考虑的最重要的一个因素。

2. 等候。我曾经请我的好朋友巴西特博士来苹果树幼儿园做讲座，他演讲的题目是“教育的本质”。当时他引用了毛毛虫变蝴蝶的过程来讲述在教养子女时家长应有的态度，也表述了孩子在成长的过程中会经历各种挣扎、作为家长和教师的角色和任务应该是怎样的。他提出，作为家长，我们需要等候。当你等候时，静静地看着孩子经历那些艰难，就如同看着一只破茧待出的蝴蝶，如果我们帮忙，将毛毛虫从茧中剥出来，它就会失去飞的能力。在孩子的成长过程中也是这样，他们的挣扎会帮助他们有更加丰满的“翅膀”，未来飞得更加高远。另外一个比喻也说明了同样的道理，孩子的成长亦如种子发芽、成长、结果，我们不能揠苗助长。

我经常讲到等候的力量，这样的等候，实际上就是给孩子机会，让他们能够积累足够的力量来发展他们的能力，“慢养”的智慧就在于此。

3. 陪伴。陪伴代表着无条件的接纳与爱。对孩子付出无条件的爱，让他们知道，无论遇到怎样的困难，家长会陪伴他们，会一直为他们祝福，这对孩子来说是最宝贵的礼物。“我爱你，因为你是我的孩子，不是因为你考了满分，不是因为你帮妈妈倒垃圾，也不是因为你听我的话。你犯了错误，我依然爱你，因为你是我的孩子。”“不论你走到哪里，我们的爱都会一直陪伴你。”这种充满爱意的话语通常会给孩子带来内心深处的安全感。

在孩子小的时候，家长在孩子身边的陪伴可以建立孩子的安全感，因为他们能通过具体的行为来体验爱；随着孩子的成长，陪伴更多的是指心理上的支持，是一种心灵的理解与支持，是一种同在感。

陪伴是与孩子共同面对，陪伴不是代替，而是支持。

就这三大要素，每个家庭可能面对的具体内容和需要优化的点都不同，但是这三个方面是家长可以去干预的，是可控的，是可以通过学习和训练来提升的。当孩子在成长中遇到困难、挑战和挫折时，我们就可以从这三大要素入手，认真评估或通过咨询找到出现这些问题的原因，制订应对策略，成为智慧型家长，帮助孩子健康成长。

> 家长如何做才能给孩子真自由？

自由让孩子能够充分发挥创造力和想象力，能够培养他们的独立性和自我管理能力，让他们更加有自我价值感，更具有探索精神。作为家长，我们心里希望将这样的自由给予孩子，并且常常会情不自禁地去羡慕“放养”的潇洒——孩子自由，家长释放，亲子关系更加融洽。那么，到底家长该如何做才能释放自己，并让孩子获得真正的自由呢？

当我在德国德雷斯顿的森林幼儿园访问时，我深深体会到了让孩子获得真自由的两个必不可少的条件：规则和能力。没有这两个必要条件，孩子不会获得真正的自由。

当我走进这所没有围墙的幼儿园时，秋日的美丽令人陶醉，可以在这样的大自然中自由地学习和探索，真是幸福。为了避免打扰到孩子们，园长接待我们的时候，告诉我们她会尽量避开孩子们正在活动的地方。园长一边走，一边给我们介绍：“这里是我们的一个集合地。”我左右看看，只有布满落叶的地面和四周的树木，心里不免疑惑：孩子们那么小，怎么知道在这里集合呢？后来园长和我们解释说，这里是个岔路口，每次到了岔路口的时候，孩子们都需要停下来等候。等候，这是规则。接下来，当园长带我们继续参观的时候，我发现规则对于自由是如此的重要。因为在这里，不遵守规则是很危险的，没有规则也就意味着没办法给予孩子们自由，安全是给予自由的前提。园长向我们介绍了对于新入园的孩子，老师是如何帮助孩子学会这些规则，以及培养他们在这样的环境中安全生活的能力。尽管我们尽量避开孩子们活动的地方，他们远远地还是看到了我们。开始的时候孩子们有些诧异，但是很快他们就向我们快乐地跑来，脸上挂着灿烂的笑容……孩子们自由而有序地做着他们的事情，一点儿不受我们的打扰——规则和能力给他们插上了自由的翅膀！

那么，如何建立规则和培养能力呢？可以通过四个步骤来实现：

第一，教导

让孩子明白规则的内容，设定规则的意义。对学龄前的孩子来说，说教的方式一般很难成功，因为孩子的理解能力有限，最好的方法是通过讲故事，或者表演情景剧等有趣的方式来让孩子明白要求，通过不同的角色扮演来理解规则的重要性和意义。培养某些特定的能力则是要通过示范的方式，甚至要手把手地教孩子，让他们知道该怎么做。通过教导，让孩子明白所有步骤和注意事项，特别是某些工具的安全使用规则更要示范清晰。

第二，训练

当孩子明白了规则之后，并不意味着他们能够自觉主动地去遵守规则。需要经过训练，孩子们才能够慢慢将规则内化。能力也是一样。我们有时会忽视了训练这个环节，认为自己讲明白了，孩子懂了就应该能做到了。实际上，没有训练的过程，孩子往往做不到遵守规则。因为他们还不具备遵守规则的能力，因此，只有通过训练，规则和能力才能被孩子掌握。

第三，评价

经过一段时间的训练之后，就要对孩子遵守规则的情况进行评价，包括孩子对规则的理解和执行的过程中达到的程度，及时进行调整。

第四，放手

为了保证安全和孩子能力的不断提升，家长仍然要不定期地对孩子的情况进行评价，同时制订下一个培养目标。同一个规则，在不同年龄段的具体内容可能会有所不同，及时的调整可以让孩子能够有更好的发展，同时能够帮助他们养成良好的习惯。

在制订规则时应注意的是：

1. 规则不要过多，如果过多，容易让孩子无所适从，所以，一般在三条以内比较合适，最多不超过五条。

2. 规则要明确，孩子能够理解。

3. 根据不同年龄和时间的需要，来制订规则，随着时间的变化，规则可进行调整。孩子在学龄前和小学低年级阶段是建立规则意识的重要时期，也是培养他们基本能力的重要时期，家长按照不同年龄和阶段的需要，逐渐培养孩子良好的品格和习惯，就可以让孩子成为有自我管理能力的人。

4. 制订了规则，就要严格执行，并且家长要以身作则，说话算话，家庭规则更是要全家人一致执行。

在培养孩子能力时，需要注意的是要与孩子的年龄和身心发展水平一致，避免不切实际的目标，否则会让孩子沮丧，失去自信，影响自我价值感。

所以，当我们准备将自由给予孩子时，就要有规则，同时要培养他们的能力。只有这样，我们才能够放心，才能够真正地放手让他们去尝试，去探索，去体验生命的精彩！

> 给孩子能够感受到的爱

没有不爱自己孩子的家长，然而在现实生活中，却有很多孩子无法感受到家长的爱。这种被爱的感受，对孩子来说，是他们的安全感、归属感和价值感的基础。很多情况下，孩子不良行为的根源就是因为没有感受到被爱和被接纳，是由安全感和归属感不足引起的，所以他们用各种不恰当的方式来博得关注，从而获得归属感。

如何才能让孩子感受到家长的爱呢？

对于如何去爱孩子，不少家长存在着误区：有些仿佛是孩子的保姆，什么事情都替他们做，用服务来表示自己的爱；有些成为“警察”，试图抓住孩子每个小错误来纠正，试图避免他们犯一点点错；有的则试图让孩子去做所有的决定，认为这是给孩子自由，而实际上孩子的能力还无法去为某些事情做出恰当的判断和决定；有些则是将自己过去的梦想强加在孩子身上，不曾考虑到孩子的内心感受……那么，能够让孩子感受到的爱有哪些特征？家长该怎么做呢？

第一，爱的就是“你”。

在我的孩子小的时候，我喜欢和他们玩“看着妈妈的眼睛”的游戏，让他们看妈妈眼中的自己。当孩子注意到妈妈眼中小小的自己时，他们会很开心，这时告诉孩子，妈妈爱他（她），因为他（她）是妈妈的孩子。记得女儿小的时候，她做错了事情，我批评她之后，问她：“你觉得妈妈还爱你吗？”她犹豫了一下，说：“不爱了。”“为什么？”我问她。她说：“因为我犯错误了。”我就告诉她，妈妈还爱她，因为她是妈妈的女儿，即便她做错事情，妈妈批评了她，妈妈依然爱她。然后，我让她看我眼中是谁，她说：“是我。”“对，妈妈爱你，因为你是妈妈的宝贝，不是因为你做对了什么或者没有犯错。但错了，妈妈会提醒你改正。”

所以，当孩子犯错或者做家长不希望孩子做的事情时，家长一定不要冲口而出：“你再这样做，我就不喜欢你了！”“你再这样，我就不爱你了！”当孩子明白不管他们做了什么，家长都爱他们的时候，他们内心的安全感就会加强，做事也会更有自信。

第二，爱＝有规则。

爱的就是“你”本身，但真爱不是放纵，真爱里有责任，真爱是有规则的爱。设立家规是对孩子的保护。

第三，爱中有管教。

很多时候，当孩子犯错时，他们心里都非常清楚自己做得不对。甚至有些孩子就是故意犯错来引起家长的注意。家长在爱中有原则地管教，会让孩子体会到家长非常在乎他，这样不仅不会影响亲子关系，还有利于孩子的安全感和归属感的建立。爱的关键在于管教有方。

第四，爱是观察、倾听和理解。

爱是慢下来，是静下来，用心去观察孩子行为背后的原因，而不是过度关注孩子外部的情绪——要学会关心他深层的需要。当孩子有情绪时，注意倾听和理解他的感受，不要浪费了困难或挫折带给孩子学习的机会，引导他自己发现答案，学会去面对自己的内心，这样孩子就能够体会到被尊重的感觉，愿意向家长敞开自己的心。少说话，多观察，少建议，多倾听，这样才能够真正理解孩子，给予孩子心理上的支持。

第五，爱是有品质的陪伴。

有些家长陪孩子时，通常自己还同时看着电视或手机，根本没有关注孩子。而爱是有品质的陪伴，设定一段时间，关掉电视机，把手机放下，专心地陪孩子读本书，看他搭积木，欣赏他画的画，听他唱首歌或静静地坐在沙发上听孩子演奏一曲，一起玩游戏——哪怕什么也不做，只是静静地在一起。不是简单地陪孩子玩，而是在玩的时候，让孩子深深体会到“家”的感受，体验到与家长的亲密关系。爱与被爱，可以让家庭归属感在他的心里生根。

当然，爱的层面还有很多，爱是有耐心，爱是公正地对待小孩，爱是给孩子选择的机会……

爱不是成为孩子的保姆，爱不是有求必应，爱更不是实现家长的梦想——没有完美的家长，也没有完美的小孩，而爱就是因着这些不完美才得以体现的。爱让彼此接纳，爱让彼此理解，爱让彼此原谅。被爱的感受让每个人心中充满了温暖，更会让孩子有自信和力量。成为智慧型的家长，让孩子从心里感受到你的爱！